超级工程驾到

"天眼"望远镜

巡视宇宙的眼睛

审读专家

李金增 博士生导师，研究员
中阿 40 米射电望远镜首席科学家

米莱童书 著·绘

北京理工大学出版社
BEIJING INSTITUTE OF TECHNOLOGY PRESS

你好，欢迎翻开《超级工程驾到》，我是这套书的作者，想在你正式开始阅读之前和你聊聊天。

近些年，中国发展得越来越快、越来越好，在各个领域都取得了领先于世界的成果，尤其是科学技术领域。当下的时代是科技的时代，掌握科技对一个国家意义重大。就拿空间站来说，在中国空间站建成之前，国际空间站的建造和使用一直被欧美国家把控，中国人如果想去太空做个实验，要先经过其他国家的允许，特别被动。但在太空环境中进行科研，是当下科学界不可或缺的一部分，这不是与某个单一领域相关，而是与生物、医学、化学、物理等众多领域密切相关。"一步退，步步退"，如果我们无法早日利用空间站搞科研，就会逐渐落后于其他国家，时间久了，在国际上会失去话语权，甚至连保持民族独立和国土完整都成问题。因此，中国潜心研究 30 年，按着自己的步调"三步走"，终于成功建成了中国载人空间站"天宫"。如今，"天宫"已经迎来了几轮中国航天员的轮换，中国人在太空中进行科研项目再也不用受制于人。预计几年后，国际空间站就会退役，到那时，"天宫"将成为太空中唯一服役的空间站。而且，"天宫"面向全世界开放，将对全人类的发展做出不可替代的贡献。

与空间站类似，中国在其他领域同样成绩斐然：建成了全世界单口径最大的射电望远镜——"天眼"，开启人类观测宇宙新纪元；在全国普及高铁，便利了 14 亿人的出行，同时极大促进了区域经济的发展；成功研制出了特高压输电技术，完成了宏大的"西电东送"工程……毫无疑问，这些工程的价值不可估量，因此也被称为"超级工程"！

这些超级工程有的让我们的生活变得更好，有的承载了人类对于科学发展的期望，想想就让人热血澎湃，恨不得撸起袖子参与其中，为建造更美好的生活出一把力。

咦，等等，要怎么参与呢？

不要着急，我们这套《超级工程驾到》科普漫画正是要告诉你，雄心壮志是如何一步步实现的。这套书不但能让你知道这些超级工程的名字，还让你能够像了解一个好朋友那样去了解它们怎样出生、怎样被添加更多的技能（就像你慢慢学会了说话、走路……）、怎样克服各种建造上的困难（就像你好不容易解出了一道数学题）、怎样达到全球领先的位置！如果你心怀航海的梦想，你就要先见过最坚固的船、最猛烈的风暴，以及最遥远的彼岸。唯有一步步"见到"，才能亲自抵达。

除了对知识的准确讲解，漫画故事还要保证有趣，因为感到有趣和好玩，从来都是吸引人做一件事的最强驱动力。为此，漫画里加入了一些创新的尝试——让每个角色都"活起来"，与正在读书的你进行互动。你会遇到想和你交朋友的"天和"、想收你为徒的"桥大师"、阻止你开灯的"电流"、准备带你执行深潜任务的"蛟龙"号、带你入职种子库的"银杏种子"……至于到底要怎么和这些朋友打交道，就由你之后亲自去看看啦！

当下中国的崛起是有目共睹的，这离不开每一位迎难而上的科学家，也离不开每一位辛勤工作的普通人，更离不开未来可期的你。希望这套书能让你在感到有趣的同时，收获满满的知识，打开未来人生的新起点！

米莱知识宇宙

作者团队

米莱童书

由国内多位资深童书编辑、插画家组成的原创童书研发平台。旗下作品曾获得 2019 年度"中国好书"，2019、2020 年度"桂冠童书"等荣誉；创作内容多次入选"原动力"中国原创动漫出版扶持计划。作为中国新闻出版业科技与标准重点实验室（跨领域综合方向）授牌的中国青少年科普内容研发与推广基地，米莱童书一贯致力于对传统童书进行内容与形式的升级迭代，开发一流原创童书作品，适应当代中国家庭更高的阅读与学习需求。

策 划 人 ▶ 刘润东　魏　诺

统筹编辑 ▶ 王　佩

原创编辑 ▶ 王　佩　张婉月　王曼卿

漫画绘制 ▶ 王婉静　吴　帆　刘环悦　李元慧　罗雅馨

　　　　　　金灿灿　王美淇　辛　洋

装帧设计 ▶ 辛　洋　张立佳　刘雅宁　马司文　苗轲雯

专家审读 ▶ 李金增　博士生导师，研究员

　　　　　　中阿 40 米射电望远镜首席科学家

目录

这位读者，你好呀！

在自我介绍之前，我想先问问：你是谁？请注意，我可不是在问你的名字，而是在问你的身份、你的角色……那么，你是谁？

我听说，孩童是想象力最旺盛的群体。不知道你有没有想过，如果你不是现在的你，而是一位能与"天眼"交朋友的孩子呢？你的生活会发生什么变化？

面对一位与你完全不同的朋友，你又会有什么新奇的经历？一时想不出来也没关系，不如带上这些问题，和我一起去书里找找答案。

走吧，跟我进入一个截然不同的新世界，展开一段妙趣横生的精神旅行吧！

你的新朋友 天眼

①利用脉冲星定位航天器，需要至少 3 颗脉冲星。

和天眼打招呼

①天眼的英文名全称为 Five-hundred-meter Aperture Spherical radio Telescope。

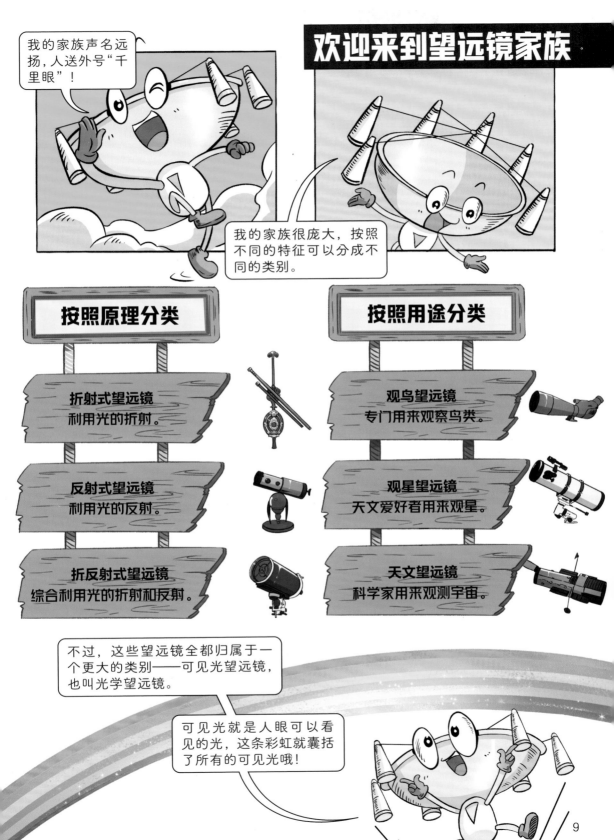

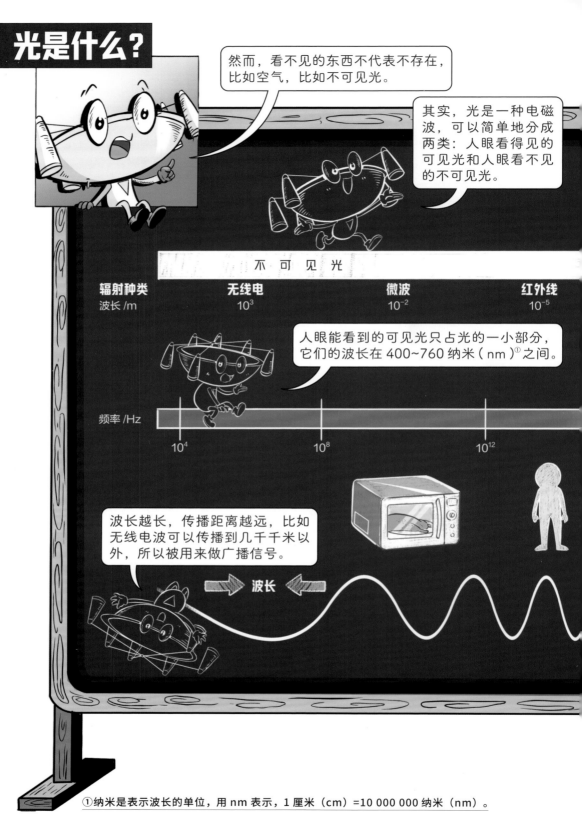

①纳米是表示波长的单位，用 nm 表示，1 厘米（cm）=10 000 000 纳米（nm）。

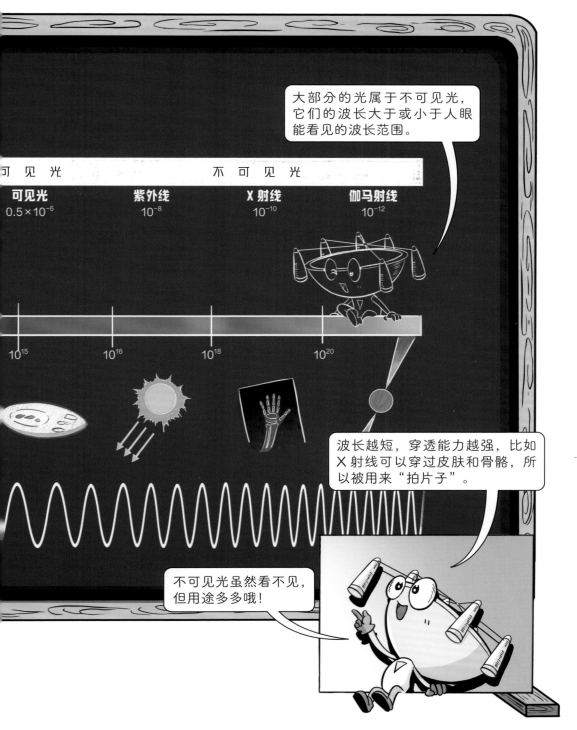

另一种望远镜

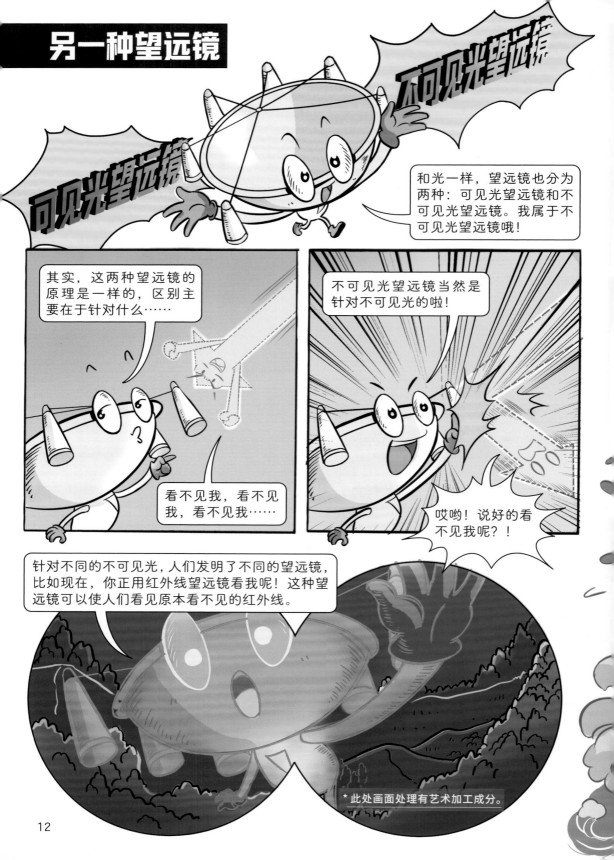

不可见光望远镜

可见光望远镜

和光一样，望远镜也分为两种：可见光望远镜和不可见光望远镜。我属于不可见光望远镜哦！

其实，这两种望远镜的原理是一样的，区别主要在于针对什么……

看不见我，看不见我，看不见我……

不可见光望远镜当然是针对不可见光的啦！

哎哟！说好的看不见我呢？！

针对不同的不可见光，人们发明了不同的望远镜，比如现在，你正用红外线望远镜看我呢！这种望远镜可以使人们看见原本看不见的红外线。

* 此处画面处理有艺术加工成分。

12

必须说明的是，电磁波无处不在。我们身边几乎所有事物都可以发出电磁波，此刻的你也不例外！

差点忘了！不在身边的绝大部分事物也可以发出电磁波哦，比如宇宙中的各种天体，甚至是宇宙本身……

不过，我们的大气层把地球保护得很好，使得绝大多数宇宙辐射都射不到地球表面来。

除了可见光，可以穿透大气层的电磁波基本都是无线电波，为了和通信用的无线电波做区分，人们一般把来自宇宙天体的无线电波称为射电波。

而我，就是为探测射电波而生的射电望远镜！

▶ 好好认识下这口"大锅"

13

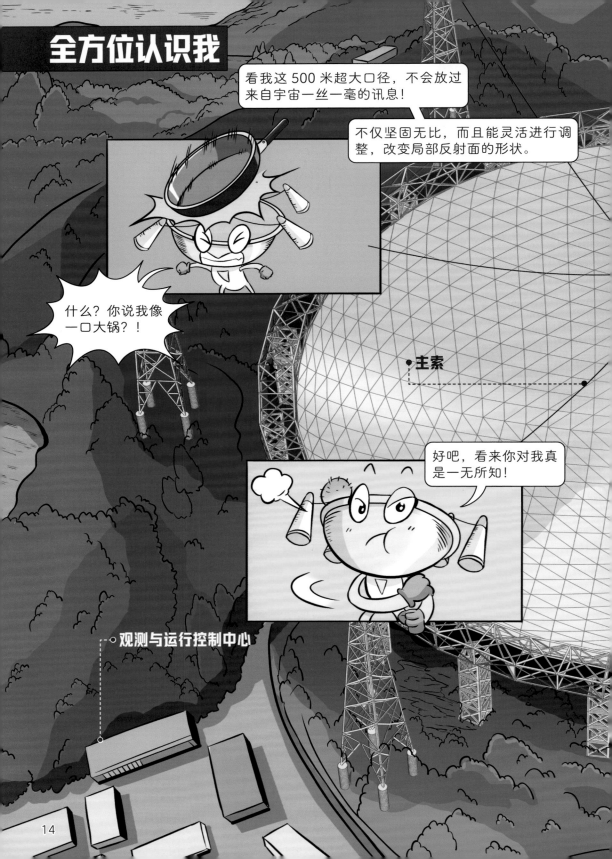

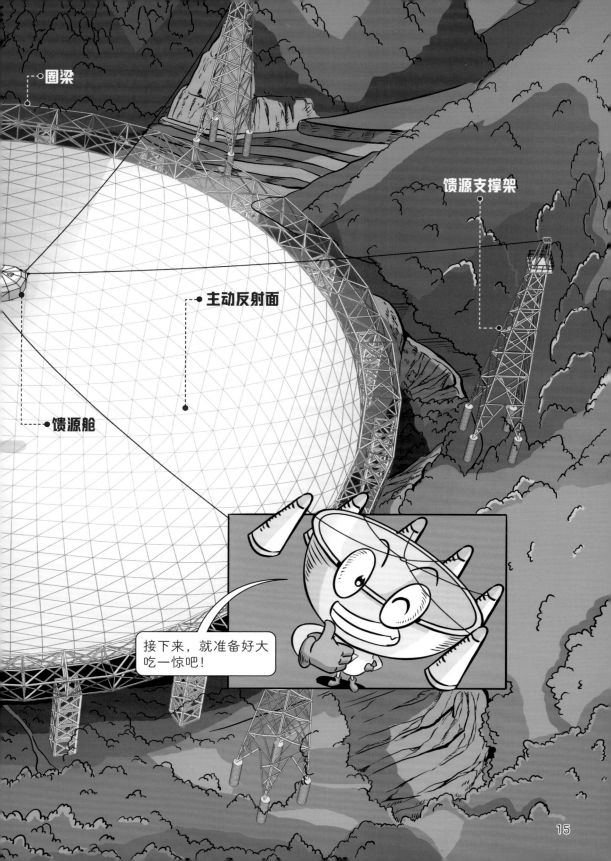

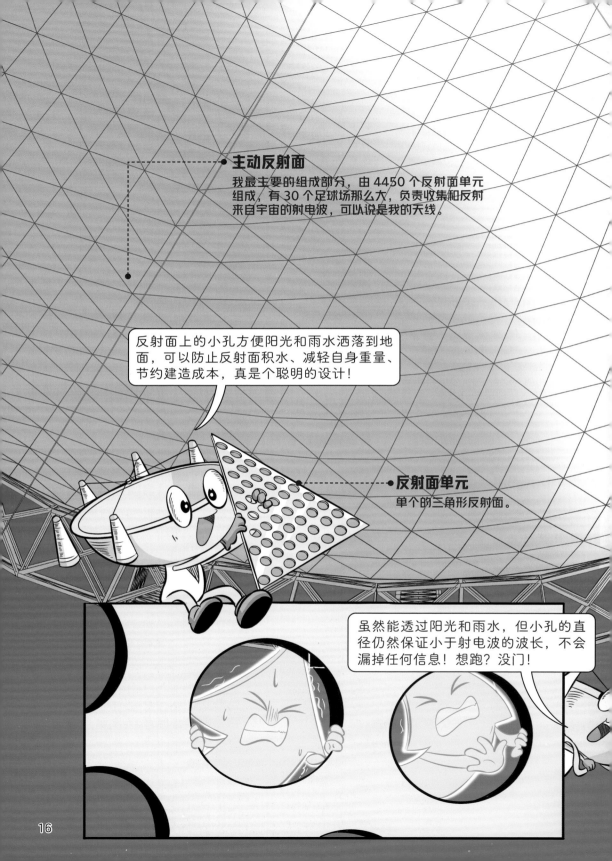

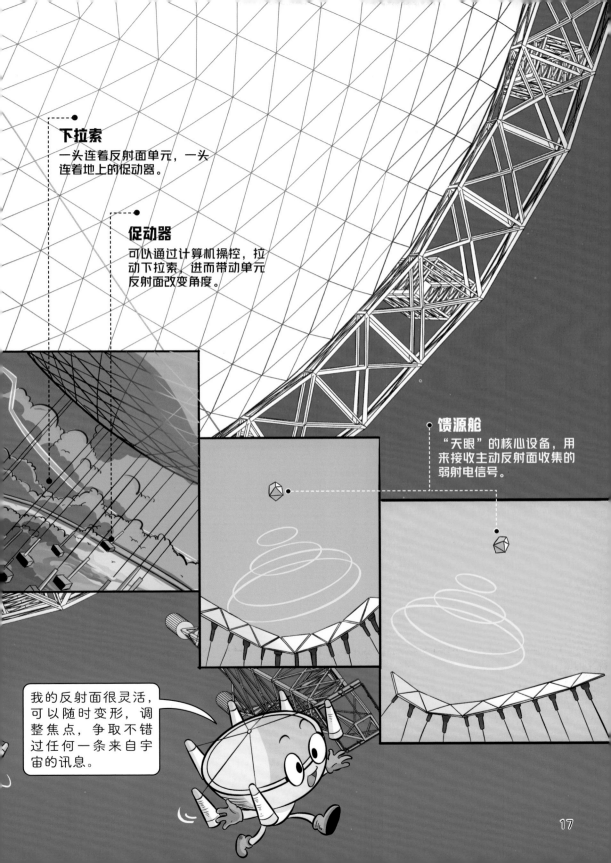

下拉索
一头连着反射面单元，一头连着地上的促动器。

促动器
可以通过计算机操控，拉动下拉索，进而带动单元反射面改变角度。

馈源舱
"天眼"的核心设备，用来接收主动反射面收集的弱射电信号。

我的反射面很灵活，可以随时变形，调整焦点，争取不错过任何一条来自宇宙的讯息。

17

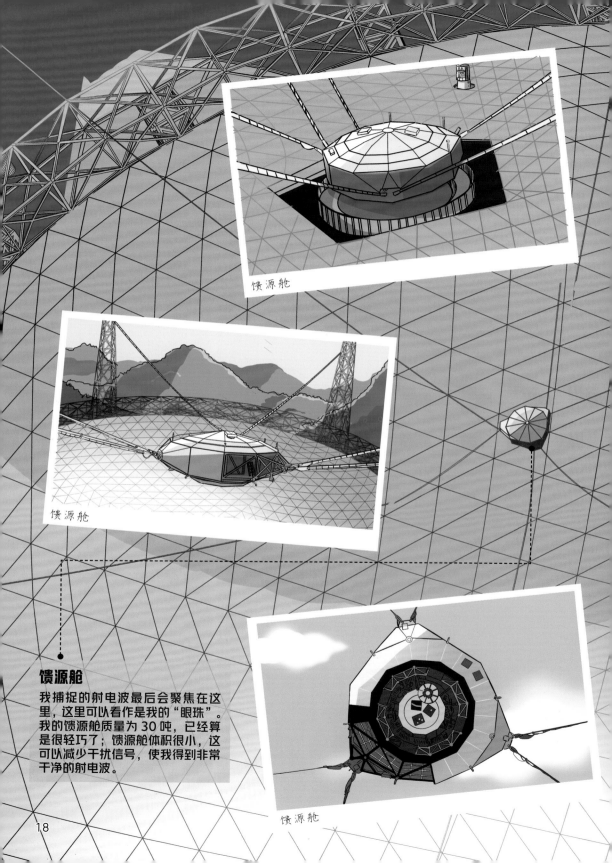

馈源舱

馈源舱

馈源舱

我捕捉的射电波最后会聚焦在这里，这里可以看作是我的"眼珠"。我的馈源舱质量为 30 吨，已经算是很轻巧了；馈源舱体积很小，这可以减少干扰信号，使我得到非常干净的射电波。

馈源舱

主索

连接着馈源舱和支撑塔的主索，能够"拽着"馈源舱移动。

我的"眼珠"和你的一样灵活，可以**到处移动**，和反射面相互配合，自由地去焦点位置**接收信号**。

支撑塔

一共 6 座，既起到对主索的支撑作用，拉着馈源舱悬在我的上方，也起到通过主索控制馈源舱移动的作用。

馈源舱里有接收机，可以对收集到的射电信号进行调制、放大等一系列处理，最后转变成容易记录的形式。

观测与运行控制中心

科研人员在这里进行操作和研究。

能到达地球的**射电波**十分微弱，一旦被我的反射面接收到，我会先**集中反射**给馈源舱，经过处理后再**通过索系**传输给旁边的观测基地，科研人员会观测和研究这些讯息。

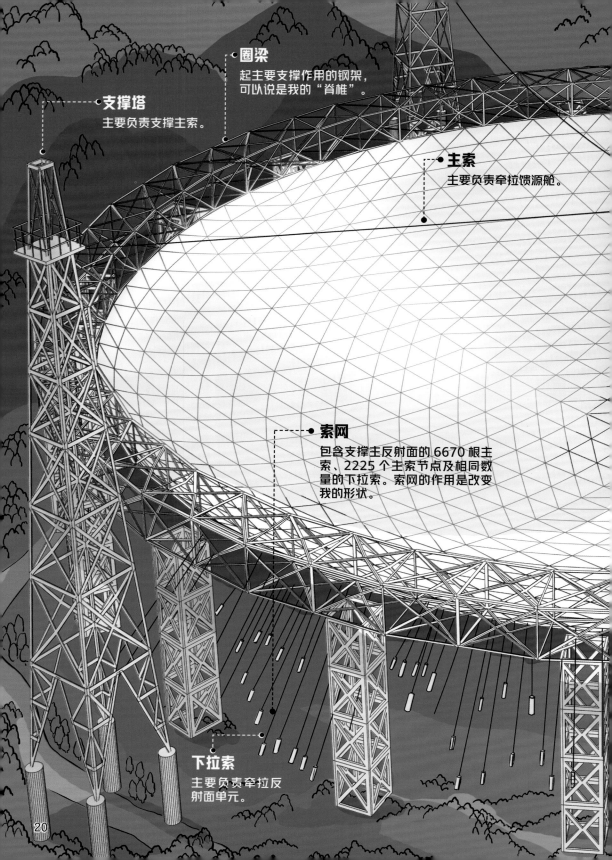

圈梁
起主要支撑作用的钢架，可以说是我的"脊椎"。

支撑塔
主要负责支撑主索。

主索
主要负责牵拉馈源舱。

索网
包含支撑主反射面的 6670 根主索、2225 个主索节点及相同数量的下拉索。索网的作用是改变我的形状。

下拉索
主要负责牵拉反射面单元。

20

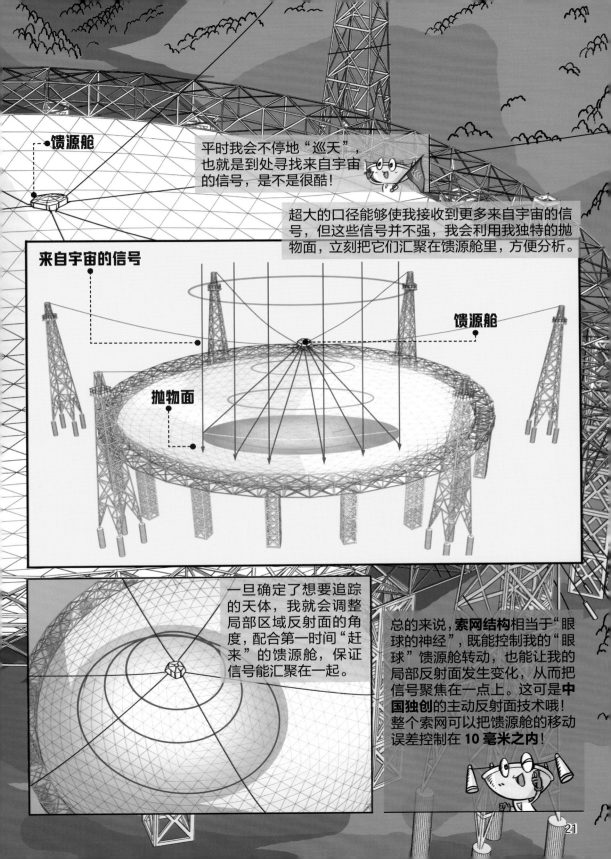

馈源舱

平时我会不停地"巡天"，也就是到处寻找来自宇宙的信号，是不是很酷！

超大的口径能够使我接收到更多来自宇宙的信号，但这些信号并不强，我会利用我独特的抛物面，立刻把它们汇聚在馈源舱里，方便分析。

来自宇宙的信号

馈源舱

抛物面

一旦确定了想要追踪的天体，我就会调整局部区域反射面的角度，配合第一时间"赶来"的馈源舱，保证信号能汇聚在一起。

总的来说，**索网结构**相当于"眼球的神经"，既能控制我的"眼球"馈源舱转动，也能让我的局部反射面发生变化，从而把信号聚焦在一点上。这可是**中国独创**的主动反射面技术哦！整个索网可以把馈源舱的移动误差控制在 **10 毫米之内**！

21

怎么样，有没有被我"吓到"？

等下，我收到射电波了！

原来是老朋友啊，它提醒我注意休息，不然容易做噩梦……真了解我！

你也想认识我的老朋友？

说起他呀……

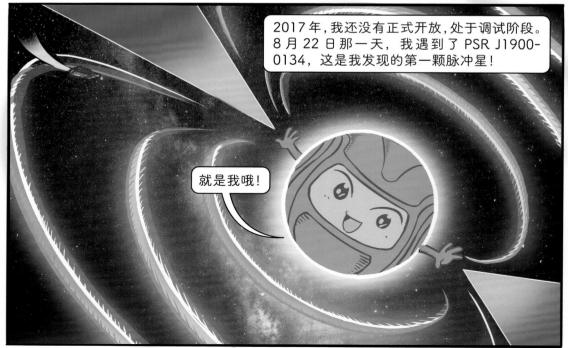

2017年，我还没有正式开放，处于调试阶段。8月22日那一天，我遇到了PSR J1900-0134，这是我发现的第一颗脉冲星！

就是我哦！

恶补恒星知识

① 恒星，一种内部持续发生核反应的天体。

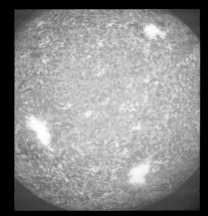

② 恒星的寿命就是它能持续进行核反应的时长。

③ 伴随着核反应的结束，恒星将迎来它的"死亡"……

④ 小质量的类似于太阳的恒星，将先变成绚丽的行星状星云，之后慢慢冷却，最后成为一颗体积小、密度大的白矮星。

⑤ 大质量恒星最终将以超新星爆炸的方式结束自己的一生，有的变成了密度非常高、体积却非常小的中子星。

⑥ 质量更大的恒星，最终爆炸并形成了密度极高、体积极小且引力极强的黑洞。

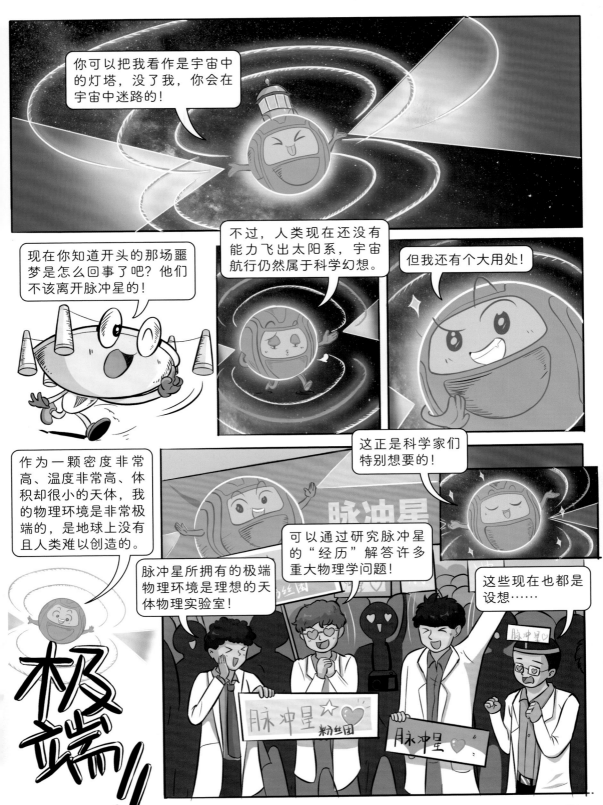

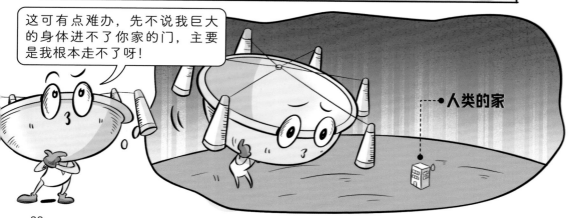

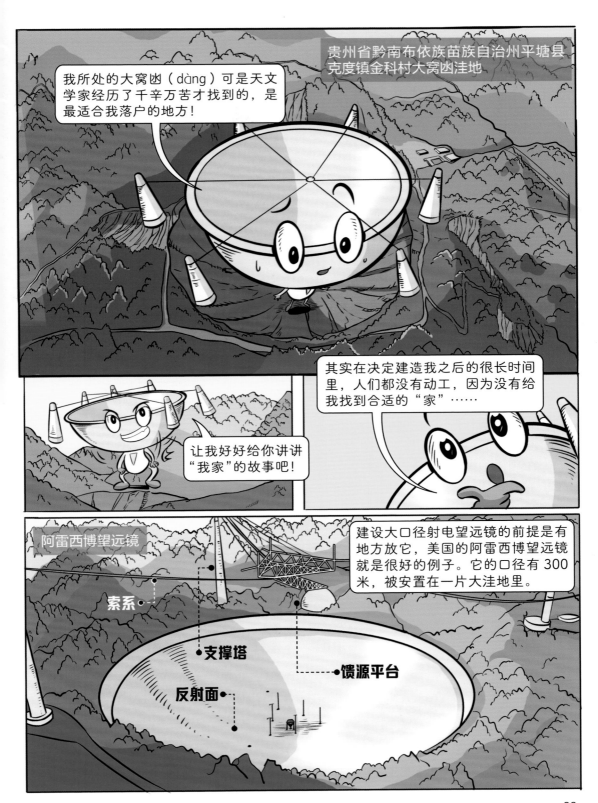

贵州省黔南布依族苗族自治州平塘县克度镇金科村大窝凼洼地

我所处的大窝凼（dàng）可是天文学家经历了千辛万苦才找到的，是最适合我落户的地方！

其实在决定建造我之后的很长时间里，人们都没有动工，因为没有给我找到合适的"家"……

让我好好给你讲讲"我家"的故事吧！

阿雷西博望远镜

建设大口径射电望远镜的前提是有地方放它，美国的阿雷西博望远镜就是很好的例子。它的口径有 300 米，被安置在一片大洼地里。

索系

支撑塔

馈源平台

反射面

我的口径是 500 米, 就意味着必须找一片至少 500 米直径的洼地, 阿雷西博的"家"对我来说可有点小了。

洼地只是最基础的要求, 实际上, 考虑到我的"体重"、形状、使用寿命、适合的气候等一系列因素, 对洼地的要求是很复杂的。

地质、水文、洼地的形状、地质灾害发生的种类、电波不受干扰……这些全都要考虑在内。如果把全部要求说给卖房的中介, 我大概会被赶走吧……

拒绝

房产中介

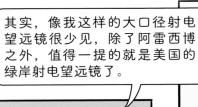

其实，像我这样的大口径射电望远镜很少见，除了阿雷西博之外，值得一提的就是美国的绿岸射电望远镜了。

绿岸和我不一样，它的口径有100米，是世界上最大的全可动射电望远镜，你也看见了，它还是建在架子上的。

因为我的"家"是人造的，所以我可以移动！

像我和阿雷西博这样的超大口径，已经超出了人造架子的承受极限，只能找大洼地了。

听说了吗？阿雷西博受伤了，那家伙的馈源平台太重了，有1000多吨，掉下来砸坏了自己的反射面！

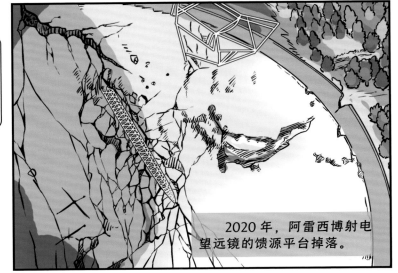

2020年，阿雷西博射电望远镜的馈源平台掉落。

我倒是没什么好担心的，建造我的专家一早就想到了这个问题……

所以我的馈源舱只有30吨重，轻便小巧。

不过，这也用事实说明了，超大口径望远镜的建造和维护之艰难，所以在全世界数量极少。

但是，人们的智慧是无穷的！只要全世界望远镜联合起来，把地球变成一座超级望远镜不是梦！

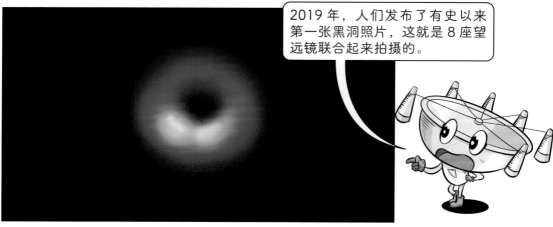

2019年，人们发布了有史以来第一张黑洞照片，这就是8座望远镜联合起来拍摄的。

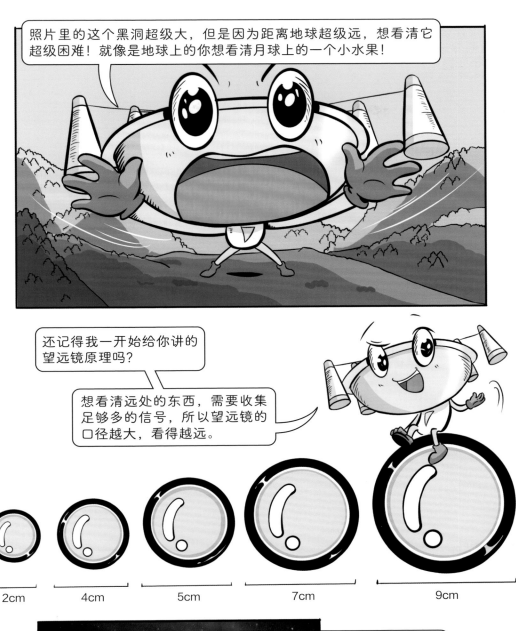

照片里的这个黑洞超级大，但是因为距离地球超级远，想看清它超级困难！就像是地球上的你想看清月球上的一个小水果！

还记得我一开始给你讲的望远镜原理吗？

想看清远处的东西，需要收集足够多的信号，所以望远镜的口径越大，看得越远。

2cm　　4cm　　5cm　　7cm　　9cm

想看清超级远的黑洞，至少需要有堪比地球大小的望远镜！

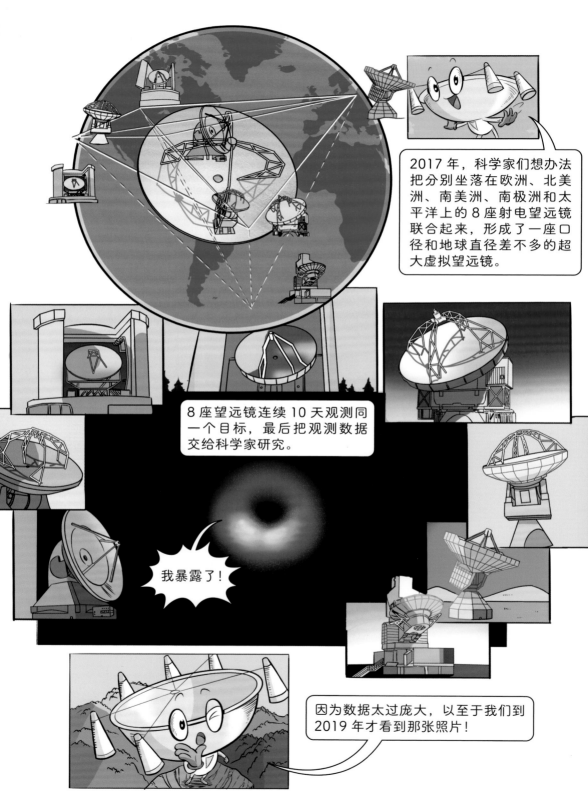

2017 年，科学家们想办法把分别坐落在欧洲、北美洲、南美洲、南极洲和太平洋上的 8 座射电望远镜联合起来，形成了一座口径和地球直径差不多的超大虚拟望远镜。

8 座望远镜连续 10 天观测同一个目标，最后把观测数据交给科学家研究。

我暴露了！

因为数据太过庞大，以至于我们到 2019 年才看到那张照片！

中国天眼的作用

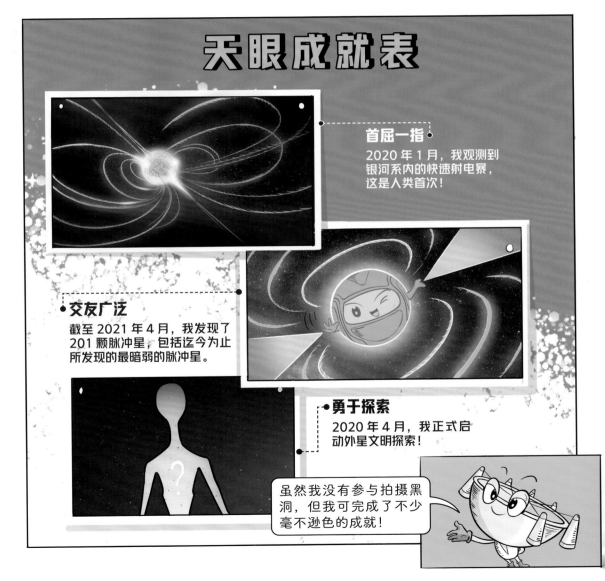

你说什么? 问我有没有惊人的发现?

那可多了!

天眼成就表

首屈一指
2020 年 1 月, 我观测到银河系内的快速射电暴, 这是人类首次!

交友广泛
截至 2021 年 4 月, 我发现了 201 颗脉冲星, 包括迄今为止所发现的最暗弱的脉冲星。

勇于探索
2020 年 4 月, 我正式启动外星文明探索!

虽然我没有参与拍摄黑洞, 但我可完成了不少毫不逊色的成就!

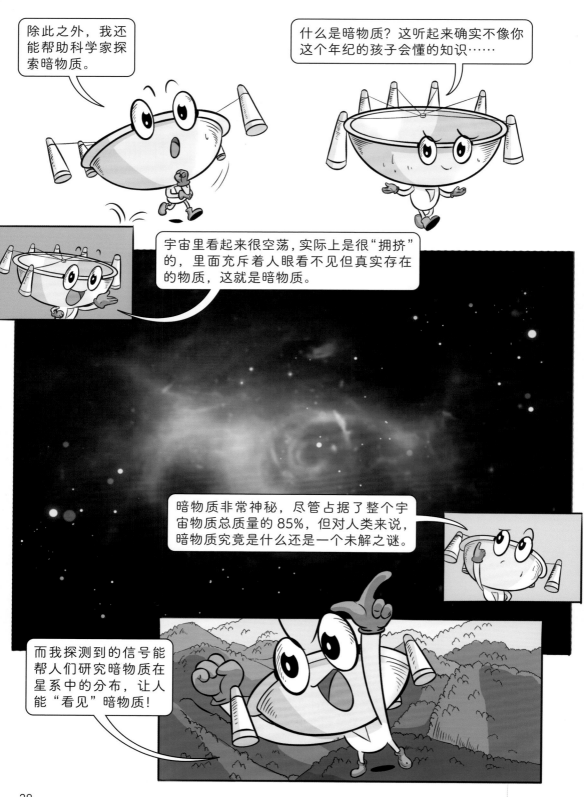

我接收到的射电波还能帮助人类探索宇宙的起源和变化。

科学家认为，宇宙诞生于大约138.2亿年前，而我的探测范围达到了137亿光年，这意味着……

我能接收到某些星体在137亿年前发出的信号！

我已经跑了137亿年了……

探索宇宙起源，还有什么能比直接观测当年的信号更准确的呢？当然没有啦！

* 此处画面处理有艺术加工成分。

▶ 询问外星人的话题

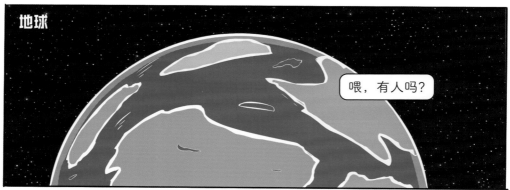

① 你要好好学习，对天文学有深入的了解。
要成为天文学家！

② 研究宇宙，有自己的研究方向。
想清楚有什么是需要我帮忙观测的！

③ 你要准备一台电脑和有网络的环境。
台式机或者笔记本都可以哦！

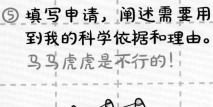

④ 登录我告诉你的网站！
就是这个

https://fast.bao.ac.cn/

⑤ 填写申请，阐述需要用
到我的科学依据和理由。
马马虎虎是不行的！

最后，提交你的申请，
等我回复！

望远镜的发展史

1608 年
荷兰人**汉斯·李波尔**发明了望远镜。

> 世界上第一架望远镜

1609 年
意大利天文学家**伽利略**制成了**伽利略式折射望远镜**，并开始用它观测宇宙。

> 天文学进入望远镜时代

1611 年
德国天文学家**开普勒**发明了**开普勒式折射望远镜**。

1633 年
英国数学家**格雷戈里**设计了**反射式望远镜**。

1688 年
英国物理学家**牛顿**制成了**牛顿式反射望远镜**。

1824 年
德国光学家制成了**消色差折射望远镜**。

1845 年
英国人**威廉·帕森斯**制成了**口径 1.83 米**的大型反射式望远镜。

17 世纪 ▶ 18 世纪 ▶ 19 世纪

1789 年
英国天文学家**威廉·赫歇尔**制成了**口径 1.22 米**的大型反射式望远镜。

1856 年
德国化学家**尤斯图斯·冯·利比希**发明了一种方法，在玻璃上涂一层薄银，大大提高了镜片反射光的效率，使制造更好、更大的反射式望远镜成为可能。

> 19 世纪末，人们掀起制造大口径折射望远镜的高潮

1897 年
美国的 **A. G. 克拉克**成功研制出**口径 1.01 米**的折射式望远镜。

> 迄今为止世界上最大的折射式望远镜。

1918 年

美国天文学家**海耳**主持建造的**口径为254 厘米的胡克望远镜**投入使用。

> 人们用这架望远镜第一次揭示了银河系的真实大小和地球的位置。

终于到我啦！

2016 年

"**中国天眼**"建成。

> 当前世界上最大的单天线射电望远镜。

1931 年

德国光学家**施密特**发明了**施密特望远镜**，更适合拍摄大面积的天区照片。

1940 年

苏联光学家**马克苏托夫**发明了**马克苏托夫反射望远镜**。

20 世纪

21 世纪

1946 年

英国**曼彻斯特大学**制造了一架固定式抛物面射电望远镜，直径 66.5 米。

1955 年

英国建成了**可转动的洛弗尔射电望远镜**，它的直径为 76 米。

> 当时世界上最大的可转动抛物面射电望远镜。

1962 年

赖尔发明了**综合孔径射电望远镜**，这种望远镜可以通过多个较小的射电望远镜组合，实现大口径单天线望远镜的效果。

1988 年

中国成功研制出**口径 2.16 米**的望远镜。

1976 年

苏联成功研制出**口径 6 米**的望远镜。

> 一度是世界上最大的光学望远镜。

1963 年

美国**阿雷西博望远镜**建成。

> 当时世界上最大的单天线射电望远镜。

图书在版编目（CIP）数据

超级工程驾到 : 共9册 / 米莱童书著、绘. -- 北京 :
北京理工大学出版社, 2023.2(2023.4重印)
　ISBN 978-7-5763-1839-5

Ⅰ.①超… Ⅱ.①米… Ⅲ.①科学知识—少儿读物
Ⅳ.①Z228.1

中国版本图书馆CIP数据核字(2022)第212257号

出版发行 / 北京理工大学出版社有限责任公司
社　　　址 / 北京市海淀区中关村南大街5号
邮　　　编 / 100081
电　　　话 / （010）68944515（童书出版中心）
网　　　址 / http://www.bitpress.com.cn
经　　　销 / 全国各地新华书店
印　　　刷 / 北京尚唐印刷包装有限公司
开　　　本 / 710毫米×1000毫米　1 / 16
印　　　张 / 27　　　　　　　　　　　　　　　　责任编辑 / 户金爽
字　　　数 / 720千字　　　　　　　　　　　　　文字编辑 / 李慧智
版　　　次 / 2023年2月第1版　2023年4月第2次印刷　责任校对 / 刘亚男
定　　　价 / 200.00元（共9册）　　　　　　　　责任印制 / 王美丽

超级工程驾到

"天宫"空间站

地球之外的宫殿

审读专家

戴　磊　中国科学院国家空间科学中心研究员
冯永勇　中国科学院国家空间科学中心副研究员

米莱童书　著·绘

北京理工大学出版社
BEIJING INSTITUTE OF TECHNOLOGY PRESS

你好，欢迎翻开《超级工程驾到》，我是这套书的作者，想在你正式开始阅读之前和你聊聊天。

近些年，中国发展得越来越快、越来越好，在各个领域都取得了领先于世界的成果，尤其是科学技术领域。当下的时代是科技的时代，掌握科技对一个国家意义重大。就拿空间站来说，在中国空间站建成之前，国际空间站的建造和使用一直被欧美国家把控，中国人如果想去太空做个实验，要先经过其他国家的允许，特别被动。但在太空环境中进行科研，是当下科学界不可或缺的一部分，这不是与某个单一领域相关，而是与生物、医学、化学、物理等众多领域密切相关。"一步退，步步退"，如果我们无法早日利用空间站搞科研，就会逐渐落后于其他国家，时间久了，在国际上会失去话语权，甚至连保持民族独立和国土完整都成问题。因此，中国潜心研究30年，按着自己的步调"三步走"，终于成功建成了中国载人空间站"天宫"。如今，"天宫"已经迎来了几轮中国航天员的轮换，中国人在太空中进行科研项目再也不用受制于人。预计几年后，国际空间站就会退役，到那时，"天宫"将成为太空中唯一服役的空间站。而且，"天宫"面向全世界开放，将对全人类的发展做出不可替代的贡献。

与空间站类似，中国在其他领域同样成绩斐然：建成了全世界单口径最大的射电望远镜——"天眼"，开启人类观测宇宙新纪元；在全国普及高铁，便利了14亿人的出行，同时极大促进了区域经济的发展；成功研制出了特高压输电技术，完成了宏大的"西电东送"工程……毫无疑问，这些工程的价值不可估量，因此也被称为"超级工程"！

这些超级工程有的让我们的生活变得更好，有的承载了人类对于科学发展的期望，想想就让人热血澎湃，恨不得撸起袖子参与其中，为建造更美好的生活出一把力。

咦，等等，要怎么参与呢？

不要着急，我们这套《超级工程驾到》科普漫画正是要告诉你，雄心壮志是如何一步步实现的。这套书不但能让你知道这些超级工程的名字，还让你能够像了解一个好朋友那样去了解它们怎样出生、怎样被添加更多的技能（就像你慢慢学会了说话、走路……）、怎样克服各种建造上的困难（就像你好不容易解出了一道数学题）、怎样达到全球领先的位置！如果你心怀航海的梦想，你就要先见过最坚固的船、最猛烈的风暴，以及最遥远的彼岸。唯有一步步"见到"，才能亲自抵达。

除了对知识的准确讲解，漫画故事还要保证有趣，因为感到有趣和好玩，从来都是吸引人做一件事的最强驱动力。为此，漫画里加入了一些创新的尝试——让每个角色都"活起来"，与正在读书的你进行互动。你会遇到想和你交朋友的"天和"、想收你为徒的"桥大师"、阻止你开灯的"电流"、准备带你执行深潜任务的"蛟龙"号、带你入职种子库的"银杏种子"……至于到底要怎么和这些朋友打交道，就由你之后亲自去看看啦！

当下中国的崛起是有目共睹的，这离不开每一位迎难而上的科学家，也离不开每一位辛勤工作的普通人，更离不开未来可期的你。希望这套书能让你在感到有趣的同时，收获满满的知识，打开未来人生的新起点！

米莱知识宇宙

作者团队

米莱童书

由国内多位资深童书编辑、插画家组成的原创童书研发平台。旗下作品曾获得 2019 年度"中国好书"，2019、2020 年度"桂冠童书"等荣誉；创作内容多次入选"原动力"中国原创动漫出版扶持计划。作为中国新闻出版业科技与标准重点实验室（跨领域综合方向）授牌的中国青少年科普内容研发与推广基地，米莱童书一贯致力于对传统童书进行内容与形式的升级迭代，开发一流原创童书作品，适应当代中国家庭更高的阅读与学习需求。

策 划 人 ▶	刘润东　魏　诺
统筹编辑 ▶	王　佩
原创编辑 ▶	王　佩　张婉月　王曼卿
漫画绘制 ▶	王婉静　吴　帆　刘环悦　李元慧　罗雅馨 金灿灿　王美淇　辛　洋
装帧设计 ▶	辛　洋　张立佳　刘雅宁　马司文　苗轲雯
专家审读 ▶	戴　磊　中国科学院国家空间科学中心研究员 冯永勇　中国科学院国家空间科学中心副研究员

目　录

这位读者,你好呀!

在自我介绍之前,我想先问问:你是谁?请注意,我可不是在问你的名字,而是在问你的身份、你的角色……那么,你是谁?

我听说,孩童是想象力最旺盛的群体。不知道你有没有想过,如果你不是现在的你,而是一位能够进入"天宫"的孩子呢?你的生活会发生什么变化?在"天宫"里,你又会遇到哪些人和哪些事?一时想不出来也没关系,不如带上这些问题,和我一起去书里找找答案。

走吧,跟我进入一个截然不同的新世界,展开一段妙趣横生的精神旅行吧!

你的新朋友 天和

"天宫"之梦

传说，神仙们都住在很高很远的天宫里……

奶奶，那是什么？

好亮啊！

那个呀，是现代"天宫"！

6

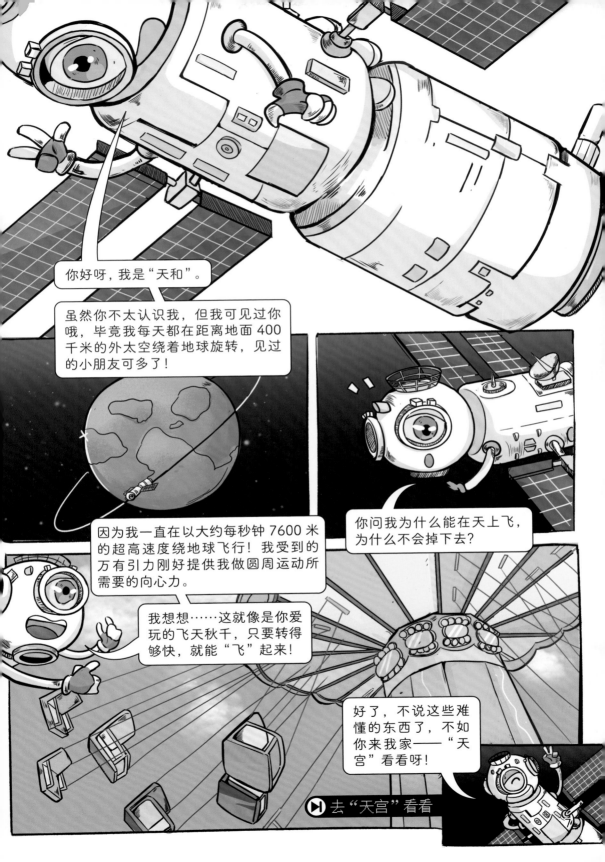

你好呀，我是"天和"。

虽然你不太认识我，但我可见过你哦，毕竟我每天都在距离地面 400 千米的外太空绕着地球旋转，见过的小朋友可多了！

你问我为什么能在天上飞，为什么不会掉下去？

因为我一直在以大约每秒钟 7600 米的超高速度绕地球飞行！我受到的万有引力刚好提供我做圆周运动所需要的向心力。

我想想……这就像是你爱玩的飞天秋千，只要转得够快，就能"飞"起来！

好了，不说这些难懂的东西了，不如你来我家——"天宫"看看呀！

去"天宫"看看

什么是中国空间站？

实验舱 1
"问天"号实验舱

我们是"天和"的双胞胎妹妹，是为航天员准备的**实验室**！

核心舱
"天和"号核心舱

"天宫"是中国建设的**空间站**，可以作为**航天员在太空停留和工作的场所**，你可以理解为航天员在太空里的房子。

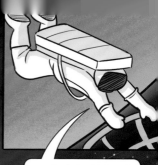

一座出门就能看到地球的房子！

实验舱 2
"梦天"号实验舱

载人飞船
"神舟"号载人飞船

我是"天和"的姐姐，负责运送航天员在地球和"天宫"之间来回，相当于航天员的**私家车**！

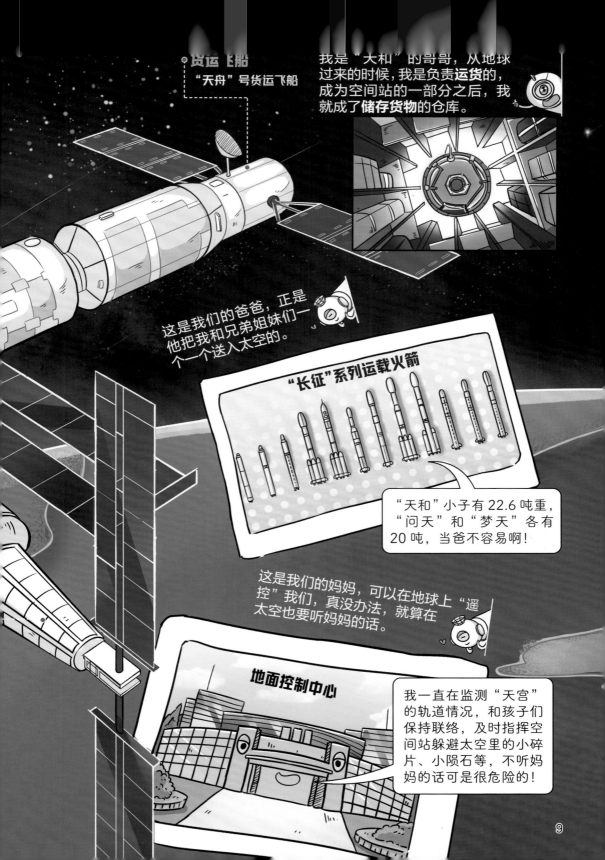

货运飞船
"天舟"号货运飞船

我是"大和"的哥哥，从地球过来的时候，我是负责**运货**的，成为空间站的一部分之后，我就成了**储存货物**的仓库。

这是我们的爸爸，正是他把我和兄弟姐妹们一个一个送入太空的。

"长征"系列运载火箭

"天和"小子有22.6吨重，"问天"和"梦天"各有20吨，当爸不容易啊！

这是我们的妈妈，可以在地球上"遥控"我们，真没办法，就算在太空也要听妈妈的话。

地面控制中心

我一直在监测"天宫"的轨道情况，和孩子们保持联络，及时指挥空间站躲避太空里的小碎片、小陨石等，不听妈妈的话可是很危险的！

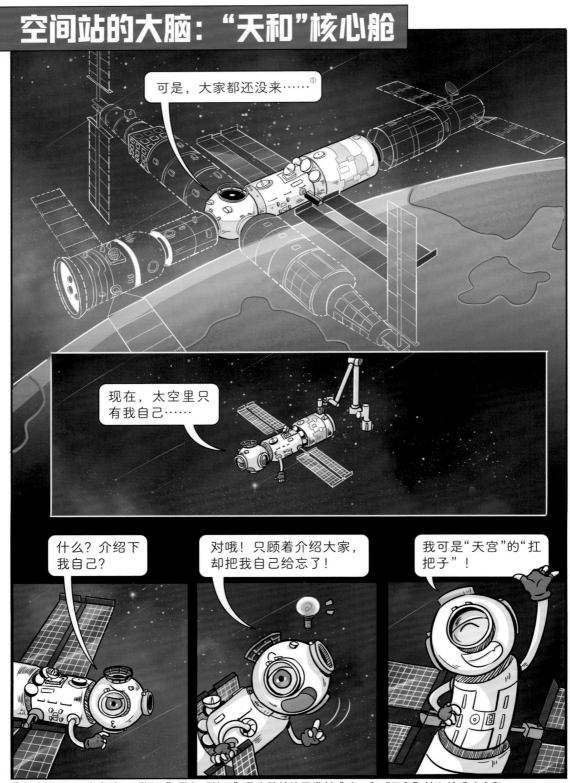

①截止到 2022 年年底，"问天"号和"梦天"号实验舱均已发射成功，和"天和"核心舱成功会和。

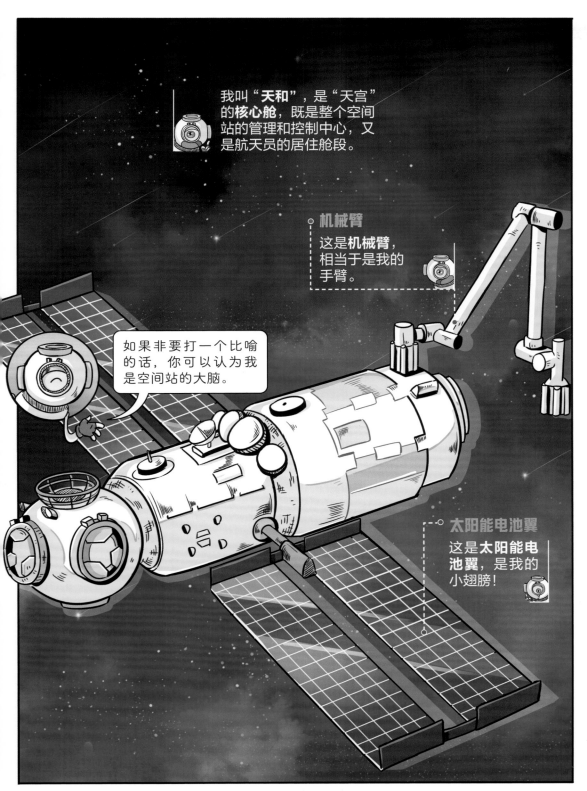

我叫"**天和**",是"天宫"的**核心舱**,既是整个空间站的管理和控制中心,又是航天员的居住舱段。

机械臂

这是**机械臂**,相当于是我的手臂。

如果非要打一个比喻的话,你可以认为我是空间站的大脑。

太阳能电池翼

这是**太阳能电池翼**,是我的小翅膀!

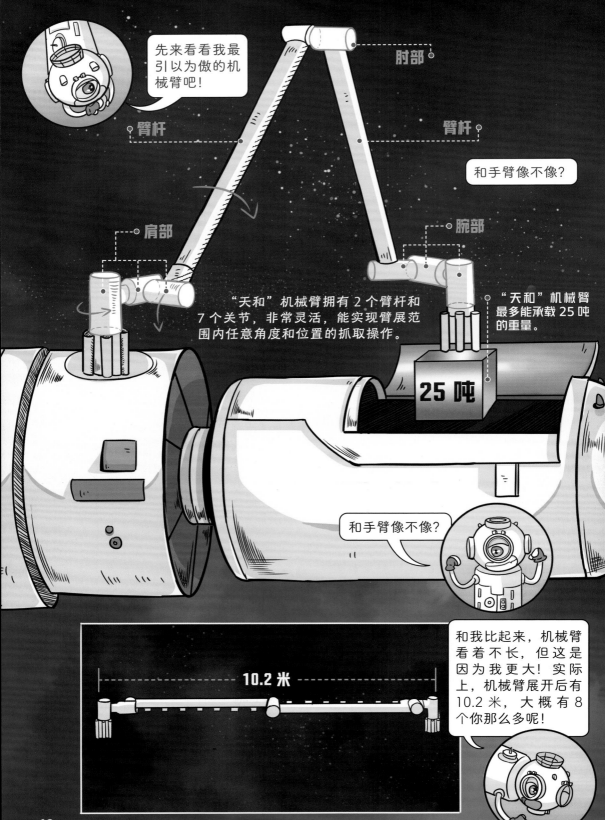

先来看看我最引以为傲的机械臂吧！

肘部

臂杆

臂杆

和手臂像不像？

肩部

腕部

"天和"机械臂拥有 2 个臂杆和 7 个关节，非常灵活，能实现臂展范围内任意角度和位置的抓取操作。

"天和"机械臂最多能承载 25 吨的重量。

25 吨

和手臂像不像？

10.2 米

和我比起来，机械臂看着不长，但这是因为我更大！实际上，机械臂展开后有 10.2 米，大概有 8 个你那么多呢！

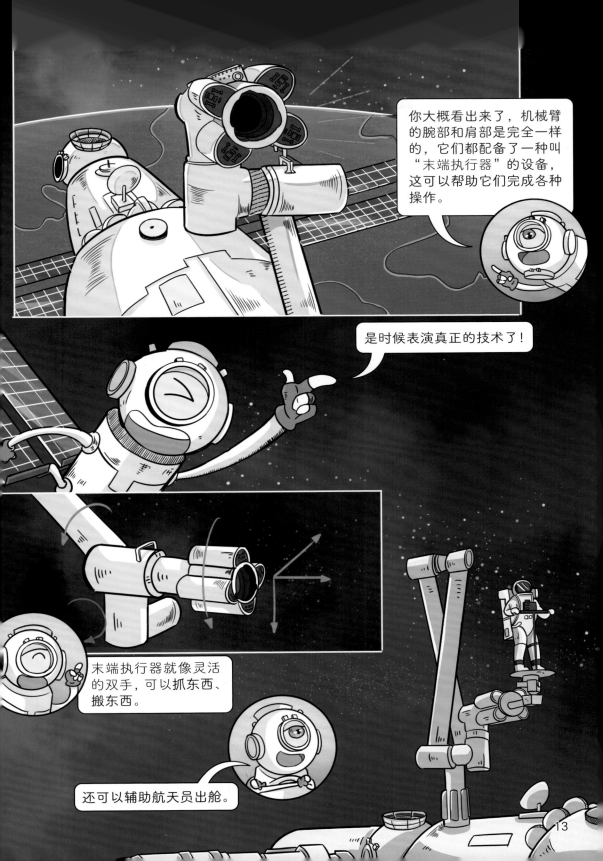

你大概看出来了，机械臂的腕部和肩部是完全一样的，它们都配备了一种叫"末端执行器"的设备，这可以帮助它们完成各种操作。

是时候表演真正的技术了！

末端执行器就像灵活的双手，可以抓东西、搬东西。

还可以辅助航天员出舱。

13

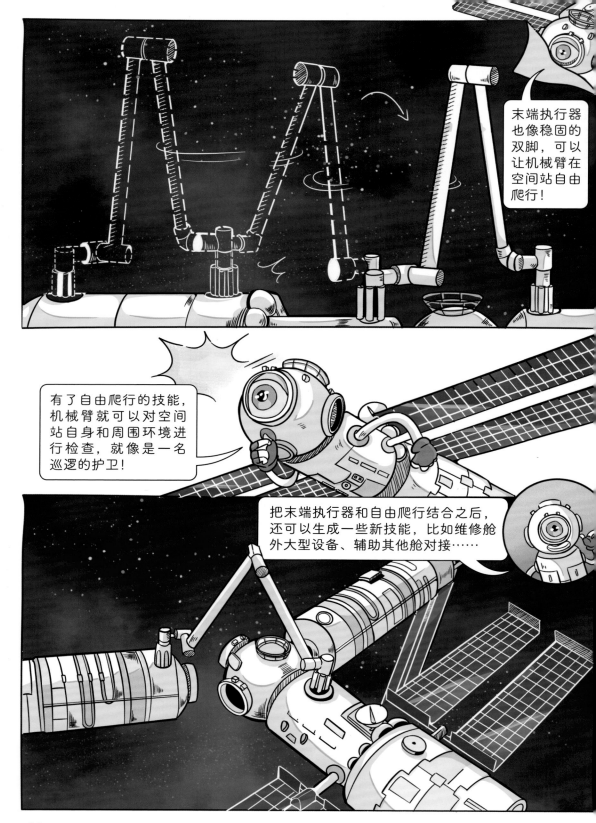

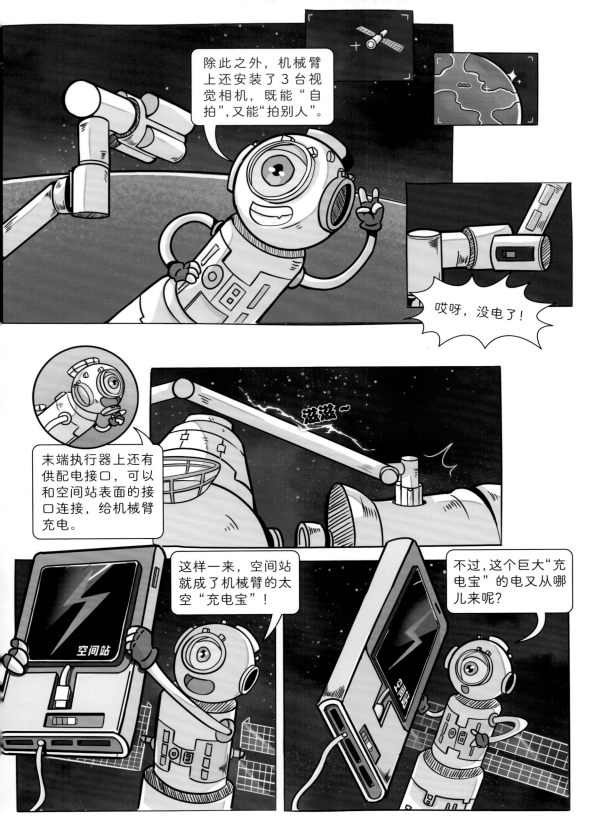

这就要说一说我的小翅膀了!

这两个家伙叫太阳能电池翼,可以把太阳能转化成电能,为核心舱供电。

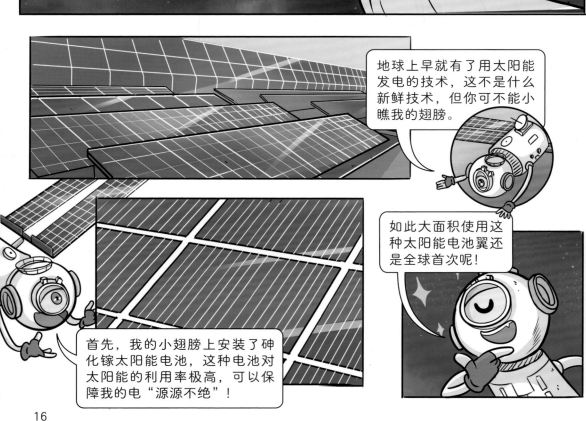

地球上早就有了用太阳能发电的技术,这不是什么新鲜技术,但你可不能小瞧我的翅膀。

如此大面积使用这种太阳能电池翼还是全球首次呢!

首先,我的小翅膀上安装了砷化镓太阳能电池,这种电池对太阳能的利用率极高,可以保障我的电"源源不绝"!

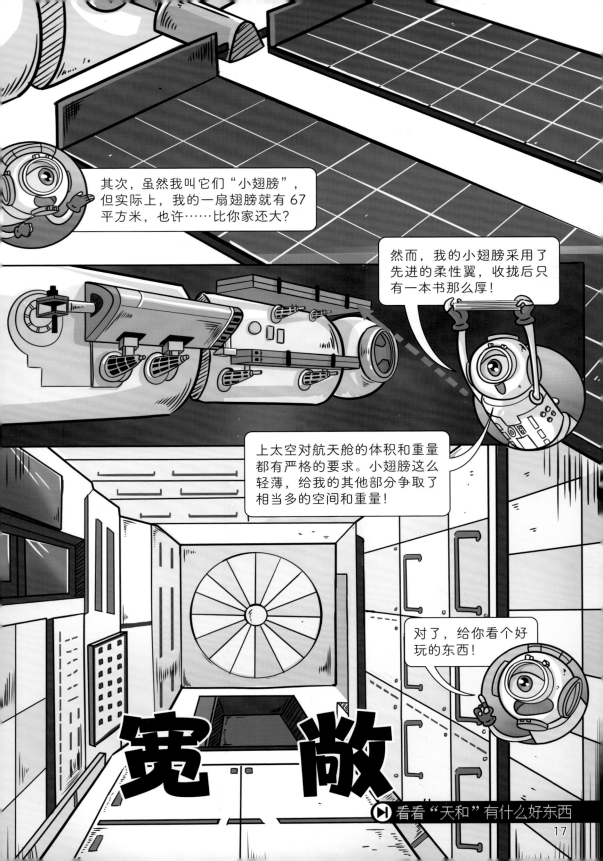

其次，虽然我叫它们"小翅膀"，但实际上，我的一扇翅膀就有 67 平方米，也许……比你家还大？

然而，我的小翅膀采用了先进的柔性翼，收拢后只有一本书那么厚！

上太空对航天舱的体积和重量都有严格的要求。小翅膀这么轻薄，给我的其他部分争取了相当多的空间和重量！

对了，给你看个好玩的东西！

宽敞

看看"天和"有什么好东西

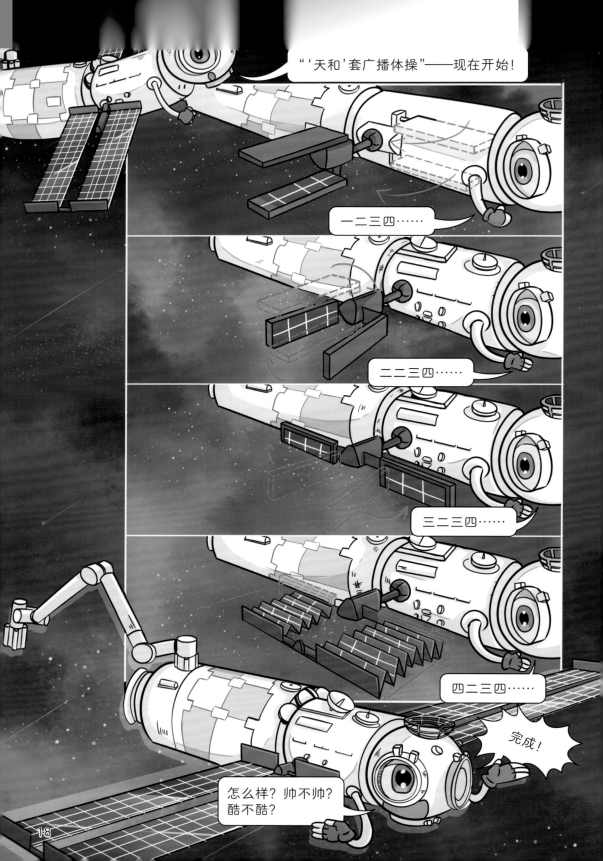

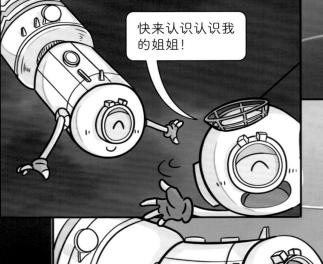

19

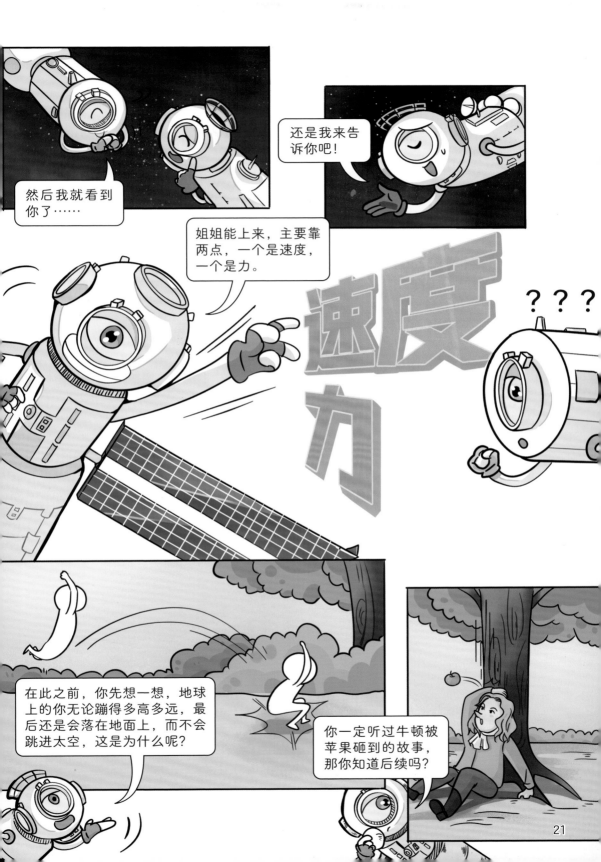

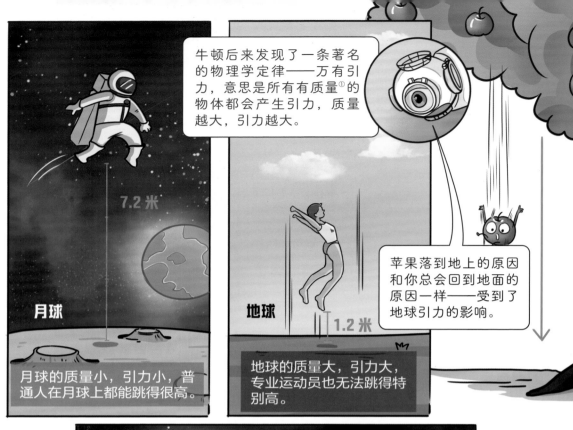

牛顿后来发现了一条著名的物理学定律——万有引力，意思是所有有质量①的物体都会产生引力，质量越大，引力越大。

7.2 米

月球

月球的质量小，引力小，普通人在月球上都能跳得很高。

地球

1.2 米

地球的质量大，引力大，专业运动员也无法跳得特别高。

苹果落到地上的原因和你总会回到地面的原因一样——受到了地球引力的影响。

最喜欢大家啦！

你可以把地球看作是一位黏人的小伙伴，喜欢和大家"亲密接触"。

地球引力这么大，那我是怎么冲出地球，来到太空的？

①如果你不知道质量是什么，可以暂且把它简单地理解为重量。

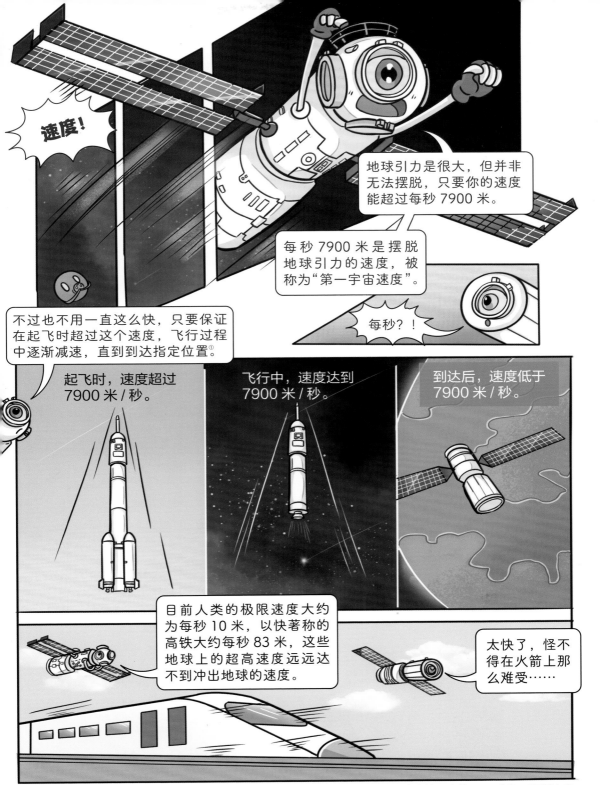

①到达指定高度后，绕地运行的卫星不需要达到第一宇宙速度，"天宫"空间站离地面大约 400 千米，运行速度大约每秒 7600 米，小于第一宇宙速度。

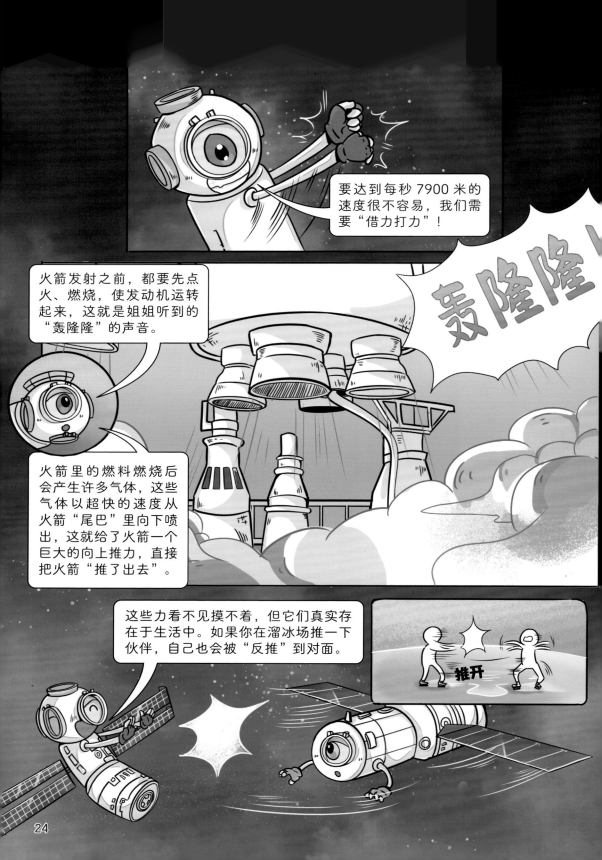

要达到每秒 7900 米的速度很不容易，我们需要"借力打力"！

轰隆隆！

火箭发射之前，都要先点火、燃烧，使发动机运转起来，这就是姐姐听到的"轰隆隆"的声音。

火箭里的燃料燃烧后会产生许多气体，这些气体以超快的速度从火箭"尾巴"里向下喷出，这就给了火箭一个巨大的向上推力，直接把火箭"推了出去"。

这些力看不见摸不着，但它们真实存在于生活中。如果你在溜冰场推一下伙伴，自己也会被"反推"到对面。

推开

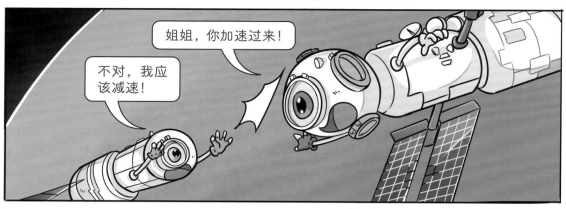

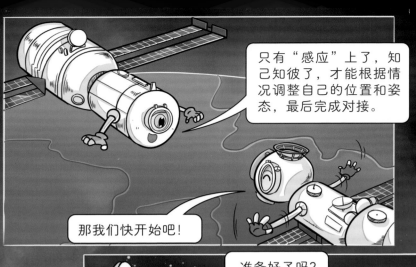

只有"感应"上了，知己知彼了，才能根据情况调整自己的位置和姿态，最后完成对接。

那我们快开始吧！

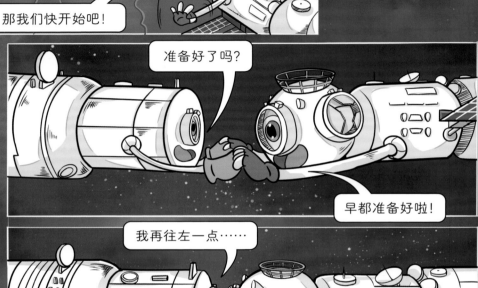

准备好了吗？

早都准备好啦！

我再往左一点……

成功了！

节点舱
空间站的"交通枢纽"，航天员出舱、飞行器对接都要在这里进行。

小柱段
航天员的生活居住区。

出舱口
航天员从这里出舱。

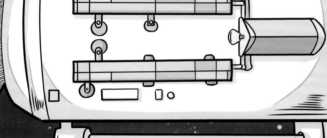

停泊口
供飞行器临时停泊。

机械臂
机械臂不工作的时候待在这里。

对接口
在这里和其他飞行器对接。

哇

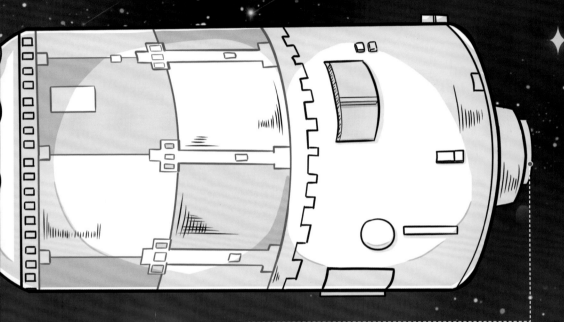

大柱段
航天员的工作区。

对接口
这里还有一个对接口。

核心舱地图

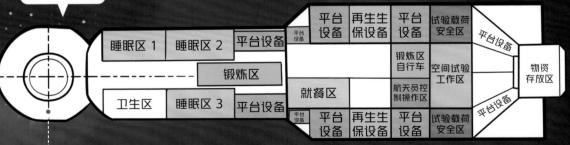

		平台设备	再生生保设备	平台设备	试验载荷安全区	平台设备	
睡眠区1	睡眠区2	平台设备	平台设备		锻炼区自行车	空间试验工作区	物资存放区
		锻炼区					
			就餐区		航天员控制操作区		
卫生区	睡眠区3	平台设备					
		平台设备	再生生保设备	平台设备	试验载荷安全区	平台设备	

舱段中转节点舱工作区

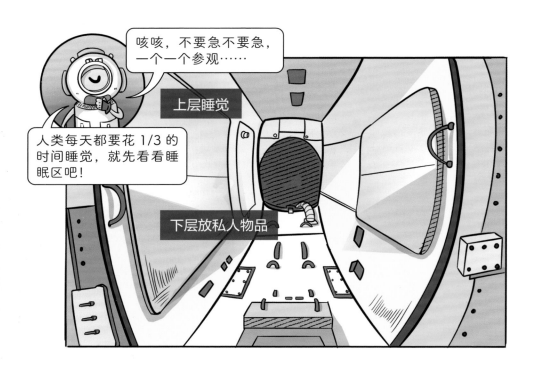

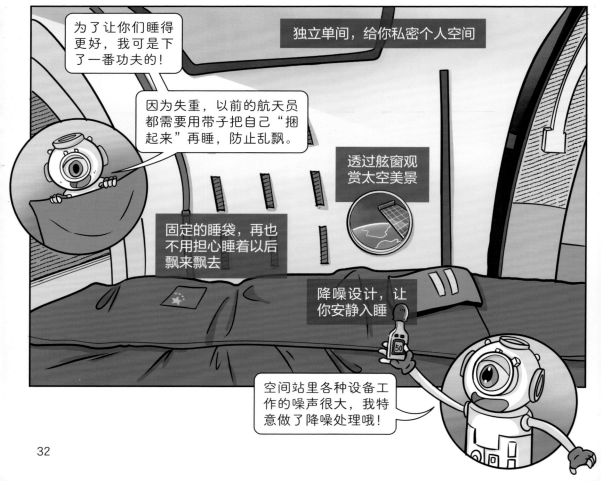

33

35

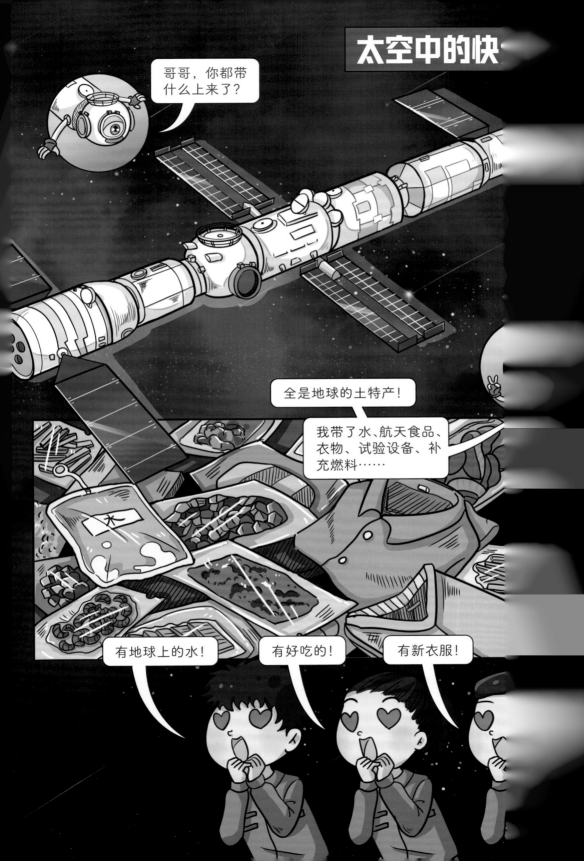

嗝……好饱。

垃圾扔哪儿？

垃圾给我！

我不仅是货运飞船，还负责储存航天员的生活垃圾。

在哪儿都不能乱扔垃圾哦！

吃饱喝足了！

垃圾也收拾好了！

该出舱干活了！

① 太空里没有空气，人无法呼吸！

② 太空的平均温度是 −270℃，人无法适应！

③ 太空里有各种辐射，会影响人体健康！

40

流星雨是地外碎片冲进大气层产生的燃烧和发光现象。由于空间站运行在大气层以外,因此完全不会受到天气和大气层透明度的影响,空间站上的航天员能够看到最清晰、绚烂的流星雨。

看!流星雨!

从太空看,流星雨原来是这样的……

和我以前在地球上看的流星雨完全不同!

41

分别的日子

不知不觉，已经过去了半年……

你们这就要走了吗?

姐姐要把航天员们安全送回地球，他们已经离开家太久了。

我得把所有的垃圾带走，一起在地球的大气层烧掉，这些东西不能留在太空里。

姐姐，把我这位朋友也带回地球吧，他也来好久了。

交给我吧!

别着急，在返回地球之前，你得先对接下来的旅程有点儿把握!

先来好好认识一下我吧!

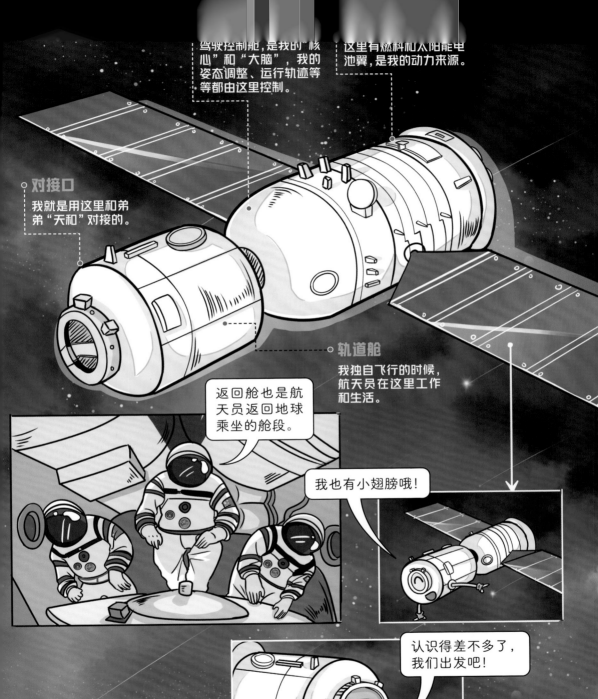

轨道舱　返回舱　推进舱

回家的第一步是和弟弟分开。

接下来，轨道舱会脱离，我会离开运转轨道。对于航天器来说，运转轨道就是每天"走的路"。

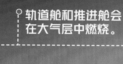

"走了"半年的"路"，再见了！

轨道舱和推进舱会在大气层中燃烧。

到这里，推进舱的使命也完成了，而我们继续降落。

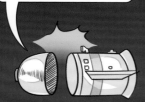

140 千米

"天舟"货运飞船和垃圾一起在大气层中燃烧。

大气层

大家别怕，航天器进入大气层后都会因为和大气层摩擦而起火，但我的表面有防热装甲，不会伤到大家！

100 千米

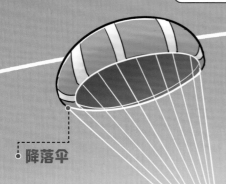

高空

降落伞

我们已经成功穿越了大气层……接下来……打开降落伞……

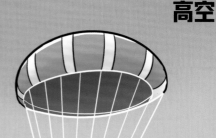

伤痕累累的返回舱

我们回来了！

地面

45

对了，你刚说的什么妹妹？

她们均已成功发射，去和"天和"相聚啦！

这两位妹妹不仅能让之后的航天员在太空生活得更舒服，还能开展各种实验，可能会在人类健康、能源开发等方面做出成就呢！

如何上"天宫"?

如果你想来找我玩，首先要成为航天员，我把航天员选拔的标准给你整理好啦！

航天员选拔标准·基础篇

- 身高 ▶ 1.6~1.72 米
- 体重 ▶ 55~70 千克
- 年龄 ▶ 25~35 岁
- 飞行时间 ▶ ≥ 600 小时

进入太空后的环境和地球非常不同，面对严苛的太空环境，航天员还必须有一副健康的身体。

航天员选拔标准·健康篇

- 身体表面 ▶ 畸形、外伤、其他后遗症
- 常见疾病 ▶ 骨折、皮炎、色弱、眩晕、鼻炎、龋齿等
- 不良习惯 ▶ 抽烟、喝酒
- 其他疾病 ▶ 慢性病、精神病、家族遗传病史、近视

患有以上任意一条，均不合格

如果你满足上面的所有要求，那就要好好考虑一下自己要做哪种航天员了！

航天员
- 飞行专家 → 从空军飞行员中选拔，主要负责载人航天器的运行。
- 任务专家 → 航天飞行工程师，负责空间站的建造和维护，包括太空外的组装维修、操作机械臂等。
- 载荷专家 → 科研单位的专家，负责利用空间站的特殊环境进行科学研究。

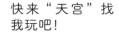

快来"天宫"找我玩吧！

超级工程驾到

"蛟龙"号载人潜水器

潜入深海的探险

审读专家

刘希林 中国船舶七二五所第八研究室研究员
"奋斗者"号载人球壳焊接技术负责人

● 米莱童书 著·绘

北京理工大学出版社
BEIJING INSTITUTE OF TECHNOLOGY PRESS

序 言

你好，欢迎翻开《超级工程驾到》，我是这套书的作者，想在你正式开始阅读之前和你聊聊天。

近些年，中国发展得越来越快、越来越好，在各个领域都取得了领先于世界的成果，尤其是科学技术领域。当下的时代是科技的时代，掌握科技对一个国家意义重大。就拿空间站来说，在中国空间站建成之前，国际空间站的建造和使用一直被欧美国家把控，中国人如果想去太空做个实验，要先经过其他国家的允许，特别被动。但在太空环境中进行科研，是当下科学界不可或缺的一部分，这不是与某个单一领域相关，而是与生物、医学、化学、物理等众多领域密切相关。"一步退，步步退"，如果我们无法早日利用空间站搞科研，就会逐渐落后于其他国家，时间久了，在国际上会失去话语权，甚至连保持民族独立和国土完整都成问题。因此，中国潜心研究30年，按着自己的步调"三步走"，终于成功建成了中国载人空间站"天宫"。如今，"天宫"已经迎来了几轮中国航天员的轮换，中国人在太空中进行科研项目再也不用受制于人。预计几年后，国际空间站就会退役，到那时，"天宫"将成为太空中唯一服役的空间站。而且，"天宫"面向全世界开放，将对全人类的发展做出不可替代的贡献。

与空间站类似，中国在其他领域同样成绩斐然：建成了全世界单口径最大的射电望远镜——"天眼"，开启人类观测宇宙新纪元；在全国普及高铁，便利了14亿人的出行，同时极大促进了区域经济的发展；成功研制出了特高压输电技术，完成了宏大的"西电东送"工程……毫无疑问，这些工程的价值不可估量，因此也被称为"超级工程"！

这些超级工程有的让我们的生活变得更好，有的承载了人类对于科学发展的期望，想想就让人热血澎湃，恨不得撸起袖子参与其中，为建造更美好的生活出一把力。

咦，等等，要怎么参与呢?

不要着急，我们这套《超级工程驾到》科普漫画正是要告诉你，雄心壮志是如何一步步实现的。这套书不但能让你知道这些超级工程的名字，还让你能够像了解一个好朋友那样去了解它们怎样出生、怎样被添加更多的技能（就像你慢慢学会了说话、走路……）、怎样克服各种建造上的困难（就像你好不容易解出了一道数学题）、怎样达到全球领先的位置！如果你心怀航海的梦想，你就要先见过最坚固的船、最猛烈的风暴，以及最遥远的彼岸。唯有一步步"见到"，才能亲自抵达。

除了对知识的准确讲解，漫画故事还要保证有趣，因为感到有趣和好玩，从来都是吸引人做一件事的最强驱动力。为此，漫画里加入了一些创新的尝试——让每个角色都"活起来"，与正在读书的你进行互动。你会遇到想和你交朋友的"天和"、想收你为徒的"桥大师"、阻止你开灯的"电流"、准备带你执行深潜任务的"蛟龙"号、带你入职种子库的"银杏种子"……至于到底要怎么和这些朋友打交道，就由你之后亲自去看看啦!

当下中国的崛起是有目共睹的，这离不开每一位迎难而上的科学家，也离不开每一位辛勤工作的普通人，更离不开未来可期的你。希望这套书能让你在感到有趣的同时，收获满满的知识，打开未来人生的新起点!

米莱知识宇宙

作者团队

米莱童书

由国内多位资深童书编辑、插画家组成的原创童书研发平台。旗下作品曾获得 2019 年度"中国好书"，2019、2020 年度"桂冠童书"等荣誉；创作内容多次入选"原动力"中国原创动漫出版扶持计划。作为中国新闻出版业科技与标准重点实验室（跨领域综合方向）授牌的中国青少年科普内容研发与推广基地，米莱童书一贯致力于对传统童书进行内容与形式的升级迭代，开发一流原创童书作品，适应当代中国家庭更高的阅读与学习需求。

策 划 人	刘润东　魏　诺
统筹编辑	王　佩
原创编辑	王　佩　张婉月　王曼卿
漫画绘制	王婉静　吴　帆　刘环悦　李元慧　罗雅馨
	金灿灿　王美淇　辛　洋
装帧设计	辛　洋　张立佳　刘雅宁　马司文　苗轲雯
专家审读	刘希林　中国船舶七二五所第八研究室研究员，
	"奋斗者"号载人球壳焊接项目负责人

目　录

这位读者，你好呀！

在自我介绍之前，我想先问问：你是谁？请注意，我可不是在问你的名字，而是在问你的身份、你的角色……那么，你是谁？

我听说，孩童是想象力最旺盛的群体。不知道你有没有想过，如果你不是现在的你，而是一位即将开始深潜的潜航员呢？你的生活会发生什么变化？作为一位潜航员新手，你又将去往何方？一时想不出来也没关系，不如带上这些问题，和我一起去书里找找答案。

走吧，跟我进入一个截然不同的新世界，展开一段妙趣横生的精神旅行吧！

你永远的伙伴"蛟龙"号

妈妈，再见啦！

"蛟龙"号

"蛟龙"号，你是我国第一艘深海载人潜水器，从今天开始，你就要独立执行任务了……

"向阳红 09"号

我已经是一个有经验的潜水器了！交给我，没问题！

这是你的任务清单。

收到！保证完成任务！

放心吧！再见了妈妈！

要记着，你是祖国载人深潜事业培养出的最优秀的孩子之一，一定不要辜负祖国和人民对你的期望！

和"蛟龙"号会合 ▶

嗯……人呢?

哈哈,找到了!你就是我要找的新手潜航员吧?

在正式执行任务之前,请你先思考一下:人类反正也不在水中生活,到底为什么要发展潜水事业呢?

嘻嘻,你不知道吧?让我来告诉你,潜水其实是为海洋科学服务的。

海洋科学

简单地说，一切与开发、利用海洋资源有关的知识都属于海洋科学的范畴。

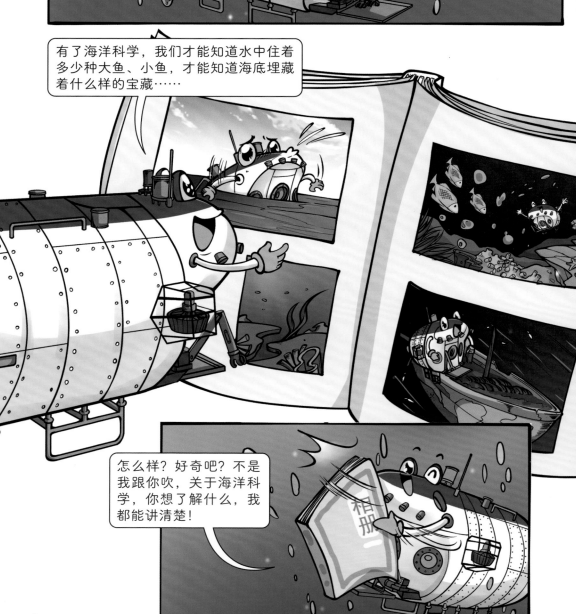

有了海洋科学，我们才能知道水中住着多少种大鱼、小鱼，才能知道海底埋藏着什么样的宝藏……

怎么样？好奇吧？不是我跟你吹，关于海洋科学，你想了解什么，我都能讲清楚！

瞒你说，以前都是资深潜航员带领我出海！他们都要经过至少四年的学习，才能独立执行任务呢！

为了祖国的潜水事业，我们一定要团结一致、万众一心、步调一致……

咔

？

不好意思啊，这孩子从小就嘴碎……

吓我一跳！妈！我还没说完呢！

0m

悄悄告诉你，这次的任务可是一个美差，跟着我，你可以看到无数新奇的东西！

咳咳，刚才发生的事情和任务无关，希望你不要放在心上……

200m

海平面下 200~1000 米的区域叫作"中层带"，由于可见光无法穿透水下 200 米，这里不会再有利用光合作用发光的浮游植物，很多鱼开始自己点灯，它们身体上有发光器官。

1000m

海平面下 1000~4000 米的区域叫作"半深海带"。由于这里缺乏光线，大部分生物的眼睛都退化了。

3000m

从海平面到深度 200 米的部分，叫作"透光带"，顾名思义，就是阳光可以透过来的地带。不过，阳光可照不到这么深的地方，即便在非常干净的海域中，阳光最多也只能照到 50 米深处。

透光带是各类生物密度最高的水层，你日常生活中吃到的大部分鱼类都生活在这个区域！

除了各种鱼，海藻、海星等很多生物也生活在这里！

因为平时大家"不见面"，所以长相都有点随意……

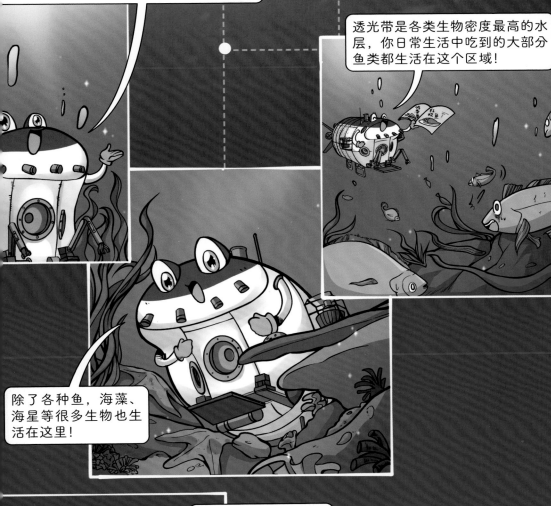

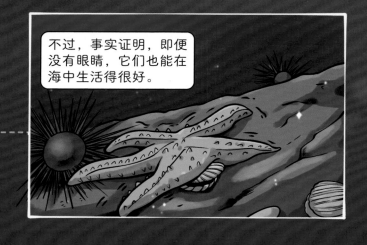

不过，事实证明，即便没有眼睛，它们也能在海中生活得很好。

海平面下 4000~6000 米的区域，叫作"深海带"，这里四处静悄悄，我们也要慢点走，不要吵醒大家！

距海平面 6000 米以下的区域，叫作"超深渊带"，是海洋中的最深处。由于海洋火山喷发出许多高温液体，这里的生物种类很少，也更加"其貌不扬"。

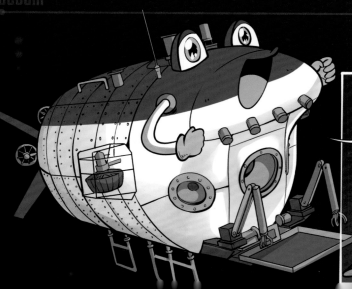

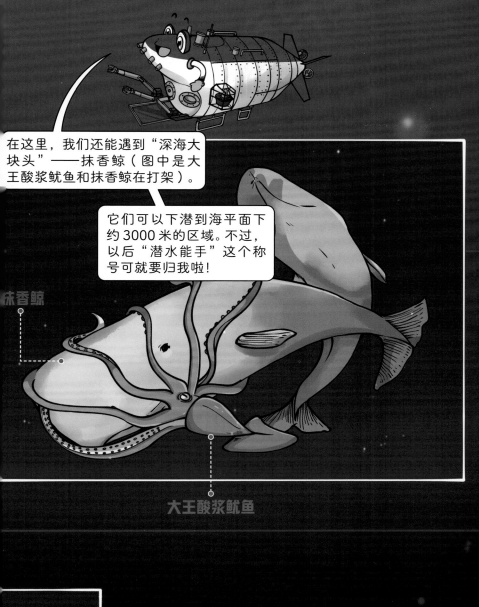

在这里，我们还能遇到"深海大块头"——抹香鲸（图中是大王酸浆鱿鱼和抹香鲸在打架）。

它们可以下潜到海平面下约3000米的区域。不过，以后"潜水能手"这个称号可就要归我啦！

抹香鲸

大王酸浆鱿鱼

到了！这就是我们的任务地点，神秘的地球"第四极"！

什么？你不知道地球"第四极"？

唉，我说什么来着，新手就是新手，还得看我的吧！

南极和北极是地球上最寒冷的地方，青藏高原是地球上最高的地方……

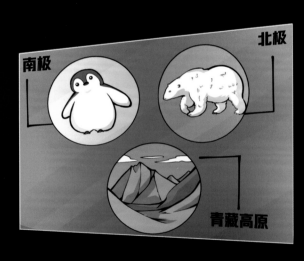

南极

北极

青藏高原

我们现在来到了地球"第四极"——马里亚纳海沟！这是地球上最深的海沟。

马里亚纳海沟

什么什么？你问这里有什么了不起的？

我看你真是"初生牛犊不怕虎"啊，看来我得好好给你上一课了！

在陆地上，一头成年非洲象的体重是 4~5 吨。

可是，在平均深度为 7000 米的马里亚纳海沟，一块面积为 1 平方米的钢板所承受的压力相当于 1500 头非洲象同时摞在一起的重量，即便是坚固的钢板也会被压成薄片！

征服"第四极"的"法宝"

为了适应这样恶劣的环境，在科学家们的努力下，玉树临风、英俊潇洒、身强体壮、学识渊博的我就诞生啦！

别看我的身体还没有一间教室大，也不下许多货物，但是，科学家们给了两件应对深海高压的"法宝"，有了它们，我才能在马里亚纳海沟中畅行无阻！

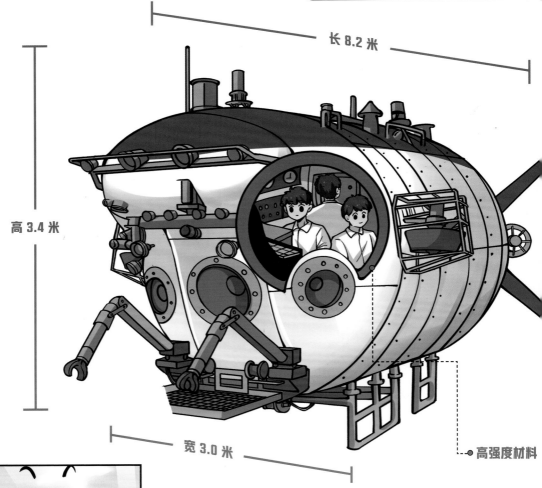

长 8.2 米

高 3.4 米

宽 3.0 米

高强度材料

我身上的第一件法宝就是用"高强度材料"制成的铠甲。

"蛟龙"号在空气中的质量不超过 22 吨，可以在装载 220 千克的实验用品的同时，搭载一名潜航员、两名科学家。

纸飞机很容易就会散架，沙子堆出的城堡一下就会被浪花吞没。因此，纸和沙子就是"低强度材料"。

用钛合金材料制成的飞机外壳可以冲破风雨、冰雹，到达世界的每个角落；用混凝土建造的房子，连8级地震都不怕。因此，钛合金和混凝土就是高强度材料。

这是能抗8级地震的房子。

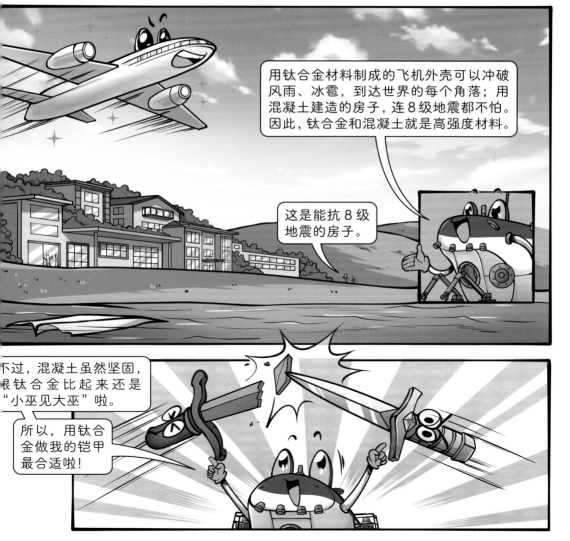

不过，混凝土虽然坚固，跟钛合金比起来还是"小巫见大巫"啦。

所以，用钛合金做我的铠甲最合适啦！

合金在人类生活中已经有几千年的应用历史了。合金非常容易融化，可以被制成各种形状。

比如，古人使用的青铜器就属于铜合金。

窗框的材料一般是铝合金。

钛合金质量小、强度高，非常适合用来制造火箭和太空船，被誉为"太空金属"。

有了钛合金铠甲，我才能承受住海水的压力，保护潜航员！

我身上的第二件法宝就是"球形载人舱"。

你们有没有想过，为什么鸟蛋都是球形的？

别逗了，这跟好吃可没什么关系！

试验证明，球形的物体抗压能力最强。如果鸟蛋不小心从树上掉下来，弧形的球面可以最大限度地降低它破损的概率，提高小鸟的存活率。

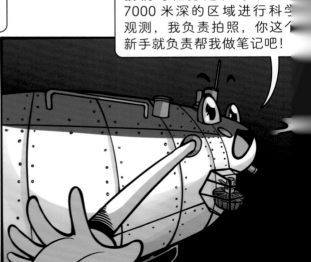

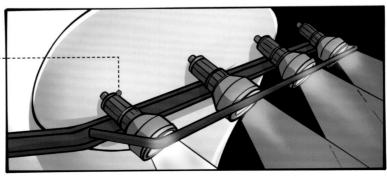

这是我的高强度护光灯，可以照到 20 米远的地方，让它们为我们照明，海底的每一处风景都不会错过！

咦?

是的,海底的很多生物移动速度很快,用人眼很难轻易观察它们。

这种事情怎么能难倒我呢?只要开启我的"第三只眼"就好啦!

咔

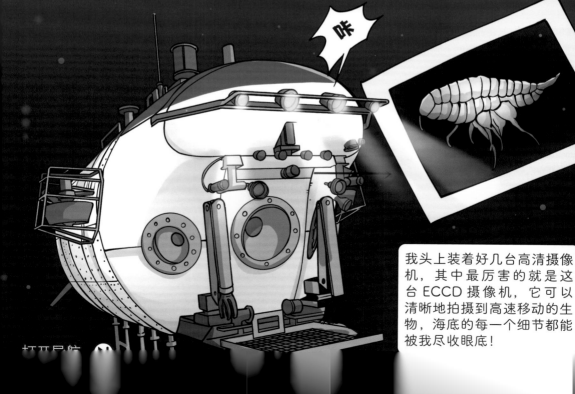

我头上装着好几台高清摄像机,其中最厉害的就是这台 ECCD 摄像机,它可以清晰地拍摄到高速移动的生物,海底的每一个细节都能被我尽收眼底!

打开尾舱

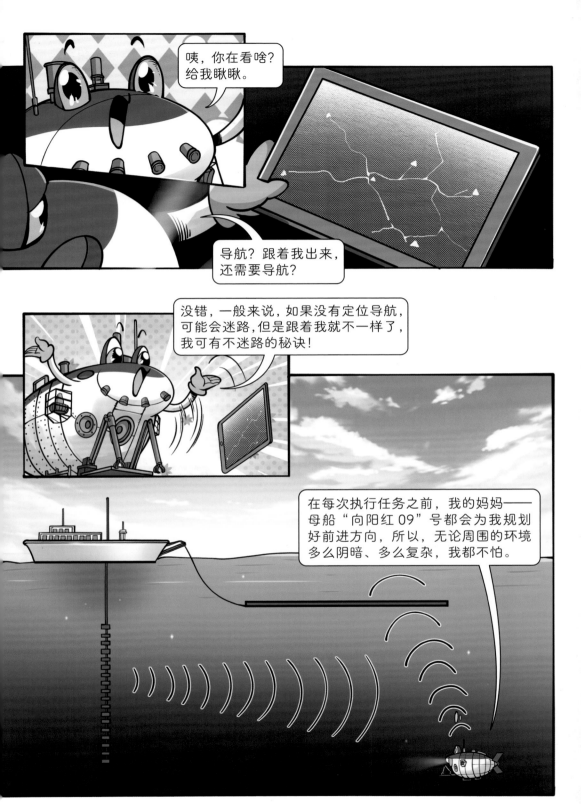

哎哟！不用那么紧张！我看到山头了，我撞不上！

你怎么就不相信我呢！你看！

我身上安装了很多声呐、测速仪等声学系统仪器。在它们的帮助下，无论海底世界的路途多么崎岖坎坷，对我来说都是一马平川的！

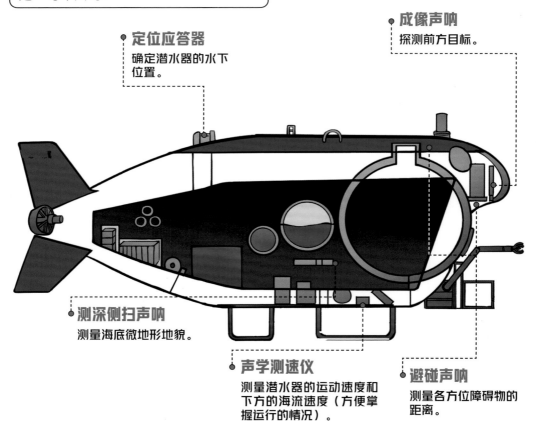

定位应答器
确定潜水器的水下位置。

成像声呐
探测前方目标。

测深侧扫声呐
测量海底微地形地貌。

声学测速仪
测量潜水器的运动速度和下方的海流速度（方便掌握运行的情况）。

避碰声呐
测量各方位障碍物的距离。

哎哎哎，可不许乱摸，碰坏了可就完蛋了。要知道，在海底如果没有声呐，可就寸步难行啦。

在水中，光线很难传播到远处……

但是，声波在水中却可以传播得很远。用声呐向海水中发射超声波，然后接收它产生的反射波，这样就可以判断周围的环境了。

这里有岩石，离远点！

这边可以继续走！

离海底太近啦！高一点！再高一点！

6000 米

耶！穿越海底就像玩游戏一样简单！

10 米

自动定深功能
可让潜水器与海平面保持一定深度，避免出现碰撞。

10 米

自动定高功能
可让潜水器与海底保持一定高度，避免出现碰撞。

哇！快看那是什么？

它的名字叫作"马里亚纳狮子鱼"（后文简称狮子鱼），别看它一点也不像狮子，但可比狮子厉害多了！嘘，悄悄的，不要吵醒它！

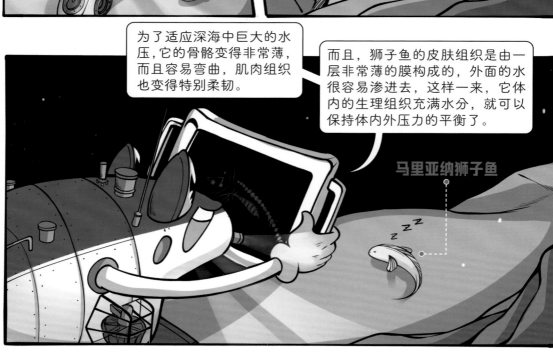

为了适应深海中巨大的水压，它的骨骼变得非常薄，而且容易弯曲，肌肉组织也变得特别柔韧。

而且，狮子鱼的皮肤组织是由一层非常薄的膜构成的，外面的水很容易渗进去，这样一来，它体内的生理组织充满水分，就可以保持体内外压力的平衡了。

马里亚纳狮子鱼

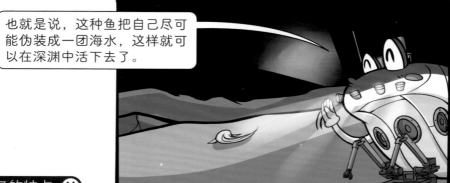

也就是说，这种鱼把自己尽可能伪装成一团海水，这样就可以在深渊中活下去了。

记录狮子鱼的特点 **❶❶**

姓名：狮子鱼
年龄：未知
食物来源：上层生物
有机体的沉降（简单
地说，就是吃上层生
物的尸体）。

不用了，不用了，狮子鱼的资料我们已经掌握得很全面了，所以不用记录啦。

我听妈妈说，之前科学家们已经在海底布放了深海着陆器生物诱捕系统，我们已经邀请过很多狮子鱼到实验室协助研究了，所以这一次就不用打扰狮子鱼朋友们啦！

只要人类永远不停下探索的脚步，相信我们还能认识更多神秘的海洋生物朋友！

海洋生物大族谱

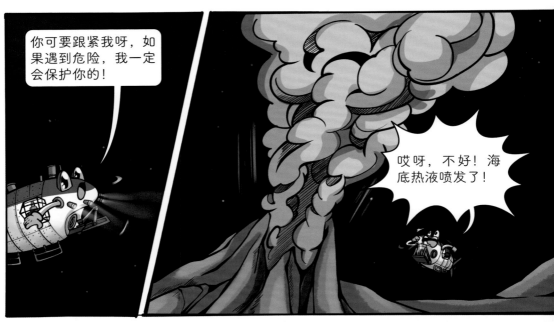

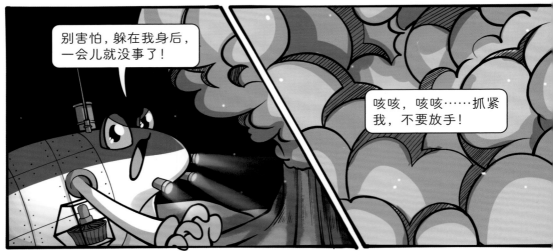

这里是"黑烟囱"区域，每次都让人心惊胆战的……

"黑烟囱"冒出的并不是真正的烟雾，它是"海底热液矿"的俗称。

海水从地壳裂缝渗入地下，被滚烫的熔岩加热。

炽热的海水熔化岩层中的金、银、铜、锌、铅等金属矿。

在气压的催动下，海水带着被熔化的金属从地下喷出。

这些金属经过各种化学反应，形成了硫化物，沉积在海底，像"烟囱"一样堆积起来，所以才被形象地称为"黑烟囱"。

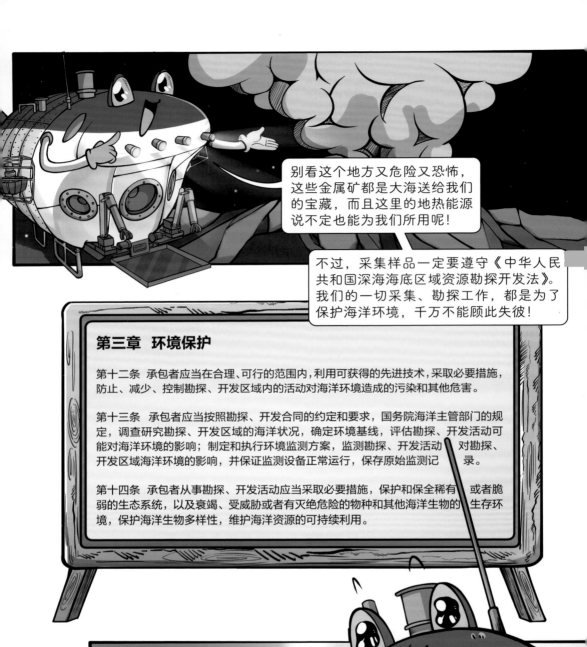

别看这个地方又危险又恐怖，这些金属矿都是大海送给我们的宝藏，而且这里的地热能源说不定也能为我们所用呢！

不过，采集样品一定要遵守《中华人民共和国深海海底区域资源勘探开发法》。我们的一切采集、勘探工作，都是为了保护海洋环境，千万不能顾此失彼！

第三章 环境保护

第十二条 承包者应当在合理、可行的范围内，利用可获得的先进技术，采取必要措施，防止、减少、控制勘探、开发区域内的活动对海洋环境造成的污染和其他危害。

第十三条 承包者应当按照勘探、开发合同的约定和要求，国务院海洋主管部门的规定，调查研究勘探、开发区域的海洋状况，确定环境基线，评估勘探、开发活动可能对海洋环境的影响；制定和执行环境监测方案，监测勘探、开发活动对勘探、开发区域海洋环境的影响，并保证监测设备正常运行，保存原始监测记录。

第十四条 承包者从事勘探、开发活动应当采取必要措施，保护和保全稀有或者脆弱的生态系统，以及衰竭、受威胁或者有灭绝危险的物种和其他海洋生物的生存环境，保护海洋生物多样性，维护海洋资源的可持续利用。

高压下的沉积物和矿石、神秘的热液口、难得一见的深海生物、与表层海水成分不尽相同的深层海水……这里的一切都蕴含着海洋留给我们的知识！

第三个任务：收集海底的"宝藏"

别看这两条机械手臂又粗又壮，它们的动作精确度可以达到厘米级别，就连深海里最好动的蜘蛛蟹都能抓起来！

采集样品可是精细活，这个立功的机会让给你了！来吧，你来试试看！

移动机械手臂，抓取一块海底沉积物。

沉积物是地质学专业术语，是任何可以靠流体流动而移动的微粒，并最终成为在水或其他液体底下的一层固体微粒。

对，慢慢移动，没错……轻轻放进我的小篮里就好啦！

● 采样篮
用来装载样品。

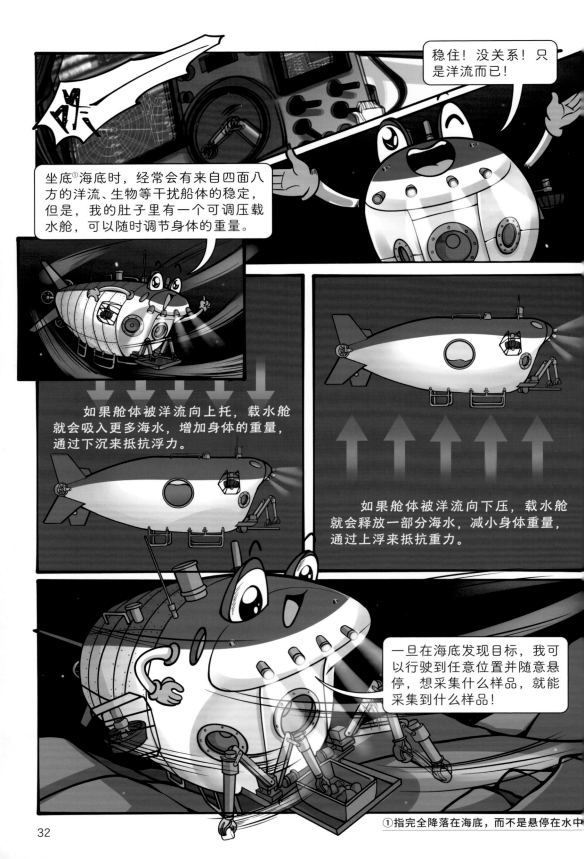

稳住！没关系！只是洋流而已！

坐底[1]海底时，经常会有来自四面八方的洋流、生物等干扰船体的稳定，但是，我的肚子里有一个可调压载水舱，可以随时调节身体的重量。

如果舱体被洋流向上托，载水舱就会吸入更多海水，增加身体的重量，通过下沉来抵抗浮力。

如果舱体被洋流向下压，载水舱就会释放一部分海水，减小身体重量，通过上浮来抵抗重力。

一旦在海底发现目标，我可以行驶到任意位置并随意悬停，想采集什么样品，就能采集到什么样品！

①指完全降落在海底，而不是悬停在水中

32

啥？你问我为什么要采集这些深海沉积物？

哈哈哈，深海的资源确实非常丰富，但是我们并不完全是为了开发资源才来采集样品的哦。

来吧，听我好好给你讲一讲！

你看，这里的岩石层就像一本厚重的史书，它记录了地球从古至今的气候和生态环境。

在深海中，由于周围的环境相对稳定，洋流的影响非常小，海底的沉积物一般不会轻易被海水卷走。

年复一年，灰尘、植物、动物骨骼，像叠罗汉一样越摆越高。

深海沉积物一层层稳定地累积，形成了一条展示地球生态的、漫长的时间轴。这些沉积物中的化石，就像一位位无声的倾诉者，等待我们聆听它们的故事……

我是在一次海洋火山大爆发的时候被埋在这里的，我好惨的……

打电话，报平安

好耶！任务完成啦！等着吧，我回去一定认真汇报你的优异表现！

糟了！忘记给妈妈打电话报平安了！

你这孩子！怎么连固定的联系时间都错过了呢！知不知道我有多担心？

哎呀，妈妈，没有那么严重啦！

哎哟！知道了我的妈！

完成任务就赶快给我回家！不许再失联了！

唉……怪不得妈妈会生气，深海下潜是一项非常危险的任务，我们确实应该随时和母船保持联系。

对了！我还没给你讲过怎么操纵通信系统呢！

水声通信机换能器

母船接收到声波以后，会把它还原成照片或语音，这样就可以全方位掌握海底的情况了。

看，我头上加载着一部"水声通信机换能器"，它可以把我们采集到的照片、语音转换成固定频率的声波，再对准母船的方向发射出去。

这下我就放心了！

不过，兵书上教育我们一定要学会未雨绸缪，不打无准备之仗……①

所以，我还有一套备用的联系方式——水声电话！

别看这部水声电话年龄大了，它可是一套独立的联系系统！当水声通信系统失灵的时候，它可以派上大用场呢！

在 7000 米级海试作业第一次下潜试验中，"蛟龙"号因电缆意外受损进水导致水声通信故障，和母船联络中断。科学家利用 6971 水声电话，保证了下潜试验的顺利进行。

①《孙子兵法·九变》中说"故用兵之法，无恃其不来，恃吾有以待也"，意思是说根据用兵的法则，不要寄希望于敌人不来打，而要严阵以待，充分准备。

走喽！回去找妈妈啦！

诶？

哎呀，忘记松开压载铁了。

压载铁

别小看这块大铁疙瘩，要是没有它，我们就不可能探索深海了。

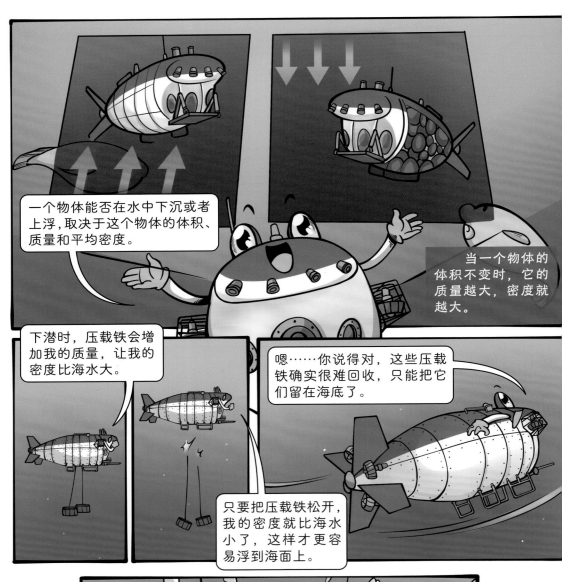

一个物体能否在水中下沉或者上浮，取决于这个物体的体积、质量和平均密度。

当一个物体的体积不变时，它的质量越大，密度就越大。

下潜时，压载铁会增加我的质量，让我的密度比海水大。

嗯……你说得对，这些压载铁确实很难回收，只能把它们留在海底了。

只要把压载铁松开，我的密度就比海水小了，这样才更容易浮到海面上。

不要忘记我们呀！

期待下次再见！

回到海面 ▶

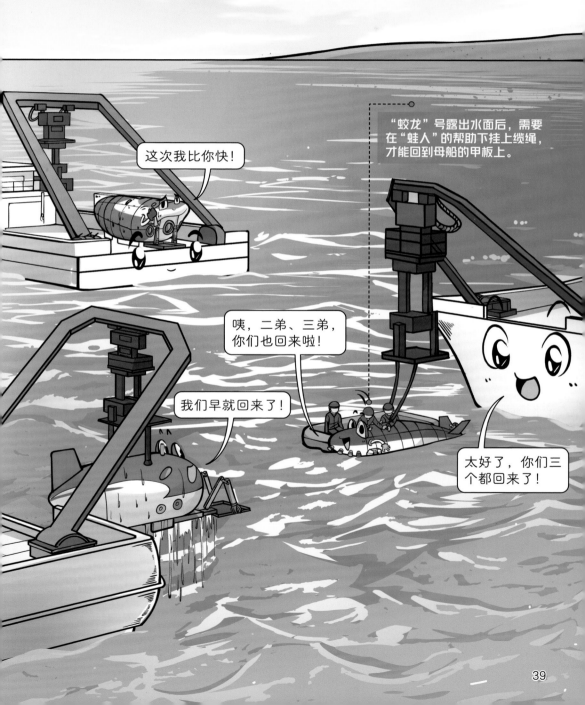

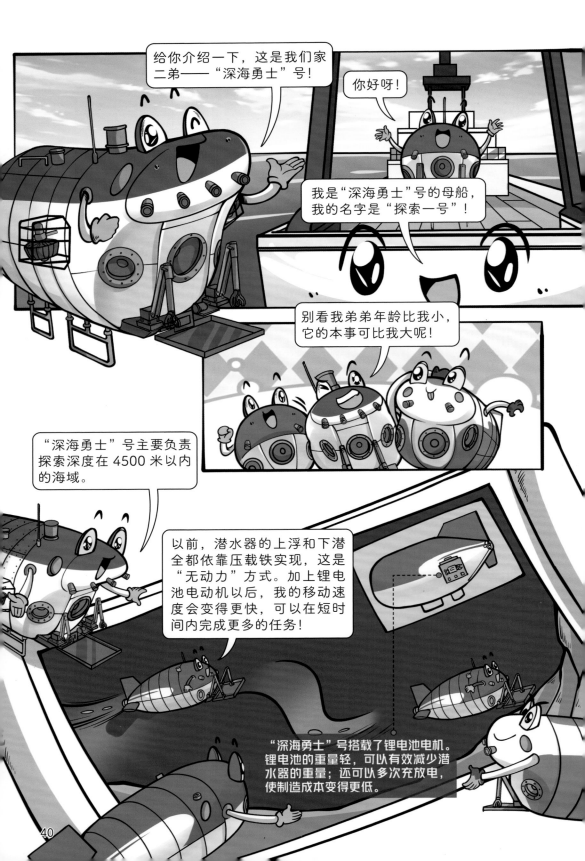

能够刷新下潜记录，并不是我自己的功劳。其实，每一次下潜任务都离不开大家的帮助。

为了保障"奋斗者"号安全下潜，科学家们曾采用"双母船"模式，由"探索一号"担任支援船，"探索二号"担任保障船，还配备了专门的警戒船。

中国海监 2168 船向你问好！

当然要拍照记录呀！我们三兄弟再一次圆满完成了深潜任务！

载人深潜三兄弟合影留念

什么？你问我未来的梦想？

你知道吗？我们载人潜水器家族已经取得了很好的成绩，比如目前最先进的"奋斗者"号，它身上 96.5% 都是国产零件。

不过，只有让我们的身体实现 100% 国产化，才能掌握深海载人潜水的更大主动权！

到了那一天，每个小朋友都有机会跟着我畅游海底世界，我们可以一起迎接更美好的未来！

43

恭喜你成功完成了潜航任务！现在你可以申请属于自己的潜航员证了，快把自己的资料补全吧！

★ ★ ★ ★ "小小潜航员" 认证申请书 ★ ★ ★ ★

照 片 粘 贴 处

★ 姓　名 ＿＿＿＿＿＿＿＿＿

★ 性　别 ＿＿＿＿＿＿＿＿＿

★ 年　龄 ＿＿＿＿＿＿＿＿＿

★ 学　校 ＿＿＿＿＿＿＿＿＿

★ 班　级 ＿＿＿＿＿＿＿＿＿

我于＿＿＿＿年＿＿＿＿月＿＿＿＿日跟随"蛟龙"号载人潜水器完成了首

次深潜体验，收获了＿＿＿＿＿＿＿＿＿＿＿＿＿＿＿＿＿＿＿＿＿＿，

我希望，长大后也能为中国潜水事业贡献自己的力量！

米莱知识宇宙
小小潜航员认证

申请人签字：

真实的深潜生活

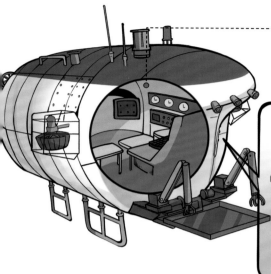

球形载人舱

真实的"蛟龙"号球形载人舱的直径约为 2.1 米，大约是 4 张课桌拼起来那么长。

2.1 米

"蛟龙"号中可以容纳一名潜航员和两名科学家共同作业。

除了专业的潜航员和科学家外，非深海专业的科学家和记者也可以乘坐"蛟龙"号潜入深海。即便是没有经过专业训练的普通人，只要经过几个小时的培训，就可以乘坐"蛟龙"号了。

中国深潜发展史

7062.68 米

2011 年 7 月 21 日

中国载人深潜进行 5000 米海试，"蛟龙"号载人潜水器成功下潜。

2012 年 6 月 27 日

"蛟龙"号载人潜水器下潜深度达 7062.68 米。

2013 年 9 月 4 日

"蛟龙"号载人潜水器在西北太平洋采薇海山区成功完成第三航段的首次载人下潜任务，并在海底进行了底栖生物、海山岩石等的采集工作。

2014 年 12 月 26 日

"蛟龙"号载人潜水器在西南印度洋执行第 88 潜次科考任务，这是蛟龙号在印度洋首次执行科学应用下潜。

2017 年 2 月 28 日

"蛟龙"号载人潜水器在西北印度洋完成了中国大洋 38 航次的首次下潜。

2017 年 8 月 16 日

"深海勇士"号载人潜水器随"探索一号"作业母船从码头出发,完成了 50~4500 米不同深度的总计 28 次下潜。

2018 年 5 月 21 日

"深海勇士"号载人潜水器在水深 1368 米的海域获取了一只深海水虱样品,这是中国首次通过定向诱捕的方式捕获深海水虱。

2019 年 3 月 10 日

"深海勇士"号载人潜水器在西南印度洋进行热液科学考察,经过 121 天的艰苦奋斗,圆满完成了任务。

2020 年 11 月 10 日

"奋斗者"号载人潜水器在马里亚纳海沟成功坐底,深度达 10909 米,创造了中国载人深潜的新纪录。

2021 年 12 月 5 日

"探索一号"母船携"奋斗者"号载人潜水器完成了马里亚纳海沟常规科考任务,采集了一批珍贵的深渊水体、沉积物、岩石和生物样品。

图书在版编目（CIP）数据

超级工程驾到 : 共9册 / 米莱童书著、绘. –– 北京 :
北京理工大学出版社, 2023.2(2023.4重印)

　　ISBN 978–7–5763–1839–5

　　Ⅰ. ①超… Ⅱ. ①米… Ⅲ. ①科学知识—少儿读物
Ⅳ. ①Z228.1

中国版本图书馆CIP数据核字(2022)第212257号

出版发行 / 北京理工大学出版社有限责任公司
社　　　址 / 北京市海淀区中关村南大街5号
邮　　　编 / 100081
电　　　话 / （010）68944515（童书出版中心）
网　　　址 / http://www.bitpress.com.cn
经　　　销 / 全国各地新华书店
印　　　刷 / 北京尚唐印刷包装有限公司
开　　　本 / 710毫米 × 1000毫米　1 / 16
印　　　张 / 27　　　　　　　　　　　　　　　　　责任编辑 / 钟　博
字　　　数 / 720千字　　　　　　　　　　　　　　文字编辑 / 钟　博
版　　　次 / 2023年2月第1版　2023年4月第2次印刷　　责任校对 / 刘亚男
定　　　价 / 200.00元（共9册）　　　　　　　　　责任印制 / 王美丽

超级工程驾到

云南西南野生种子库

拯救生命的未来

审读专家

胡　君　中国科学院大学植物生态学博士
　　　　中国科学院成都生物研究所助理研究员

米莱童书　著·绘

北京理工大学出版社
BEIJING INSTITUTE OF TECHNOLOGY PRESS

序　言

　　你好，欢迎翻开《超级工程驾到》，我是这套书的作者，想在你正式开始阅读之前和你聊聊天。

　　近些年，中国发展得越来越快、越来越好，在各个领域都取得了领先于世界的成果，尤其是科学技术领域。当下的时代是科技的时代，掌握科技对一个国家意义重大。就拿空间站来说，在中国空间站建成之前，国际空间站的建造和使用一直被欧美国家把控，中国人如果想去太空做个实验，要先经过其他国家的允许，特别被动。但在太空环境中进行科研，是当下科学界不可或缺的一部分，这不是与某个单一领域相关，而是与生物、医学、化学、物理等众多领域密切相关。"一步退，步步退"，如果我们无法早日利用空间站搞科研，就会逐渐落后于其他国家，时间久了，在国际上会失去话语权，甚至连保持民族独立和国土完整都成问题。因此，中国潜心研究 30 年，按着自己的步调"三步走"，终于成功建成了中国载人空间站"天宫"。如今，"天宫"已经迎来了几轮中国航天员的轮换，中国人在太空中进行科研项目再也不用受制于人。预计几年后，国际空间站就会退役，到那时，"天宫"将成为太空中唯一服役的空间站。而且，"天宫"面向全世界开放，将对全人类的发展做出不可替代的贡献。

　　与空间站类似，中国在其他领域同样成绩斐然：建成了全世界单口径最大的射电望远镜——"天眼"，开启人类观测宇宙新纪元；在全国普及高铁，便利了 14 亿人的出行，同时极大促进了区域经济的发展；成功研制出了特高压输电技术，完成了宏大的"西电东送"工程……毫无疑问，这些工程的价值不可估量，因此也被称为"超级工程"！

　　这些超级工程有的让我们的生活变得更好，有的承载了人类对于科学发展的期望，想想就让人热血澎湃，恨不得撸起袖子参与其中，为建造更美好的生活出一把力。

咦，等等，要怎么参与呢？

不要着急，我们这套《超级工程驾到》科普漫画正是要告诉你，雄心壮志是如何一步步实现的。这套书不但能让你知道这些超级工程的名字，还让你能够像了解一个好朋友那样去了解它们怎样出生、怎样被添加更多的技能（就像你慢慢学会了说话、走路……）、怎样克服各种建造上的困难（就像你好不容易解出了一道数学题）、怎样达到全球领先的位置！如果你心怀航海的梦想，你就要先见过最坚固的船、最猛烈的风暴，以及最遥远的彼岸。唯有一步步"见到"，才能亲自抵达。

除了对知识的准确讲解，漫画故事还要保证有趣，因为感到有趣和好玩，从来都是吸引人做一件事的最强驱动力。为此，漫画里加入了一些创新的尝试——让每个角色都"活起来"，与正在读书的你进行互动。你会遇到想和你交朋友的"天和"、想收你为徒的"桥大师"、阻止你开灯的"电流"、准备带你执行深潜任务的"蛟龙"号、带你入职种子库的"银杏种子"……至于到底要怎么和这些朋友打交道，就由你之后亲自去看看啦！

当下中国的崛起是有目共睹的，这离不开每一位迎难而上的科学家，也离不开每一位辛勤工作的普通人，更离不开未来可期的你。希望这套书能让你在感到有趣的同时，收获满满的知识，打开未来人生的新起点！

作者团队

米 莱 童 书

由国内多位资深童书编辑、插画家组成的原创童书研发平台。旗下作品曾获得 2019 年度"中国好书"，2019、2020 年度"桂冠童书"等荣誉；创作内容多次入选"原动力"中国原创动漫出版扶持计划。作为中国新闻出版业科技与标准重点实验室（跨领域综合方向）授牌的中国青少年科普内容研发与推广基地，米莱童书一贯致力于对传统童书进行内容与形式的升级迭代，开发一流原创童书作品，适应当代中国家庭更高的阅读与学习需求。

策 划 人 刘润东　魏　诺

统筹编辑 王　佩

原创编辑 王　佩　张婉月　王曼卿

漫画绘制 王婉静　吴　帆　刘环悦　李元慧　罗雅馨
　　　　　金灿灿　王美淇　辛　洋

装帧设计 辛　洋　张立佳　刘雅宁　马司文　苗轲雯

专家审读 胡　君　中国科学院大学植物生态学博士
　　　　　　　中国科学院成都生物研究所助理研究员

致　　谢 本书的创作参考了《种子方舟——中国西南野生生物种质资源库》一书，特别鸣谢杜燕、杨湘云、李拓径、李涟漪四位主编。

目 录

这位读者，你好呀！

在自我介绍之前，我想先问问：你是谁？请注意，我可不是在问你的名字，而是在问你的身份、你的角色……那么，你是谁？

我听说，孩童是想象力最旺盛的群体。不知道你有没有想过，如果你不是现在的你，而是一粒小小的银杏种子呢？你的生活会发生什么变化？作为一粒种子，你又将去往何方？一时想不出来也没关系，不如带上这些问题，和我一起去书里找找答案。

走吧，跟我进入一个截然不同的新世界，展开一段妙趣横生的精神旅行吧！

你即将遇到的另一粒银杏种子

真实发生过的？

这些竟然都是真实发生过的生物大灭绝？！

照这么说……

地球上的生命都很危险啊！

大灭绝这么残酷，一旦发生，想跑怕是没戏……

但我们可以预防呀！

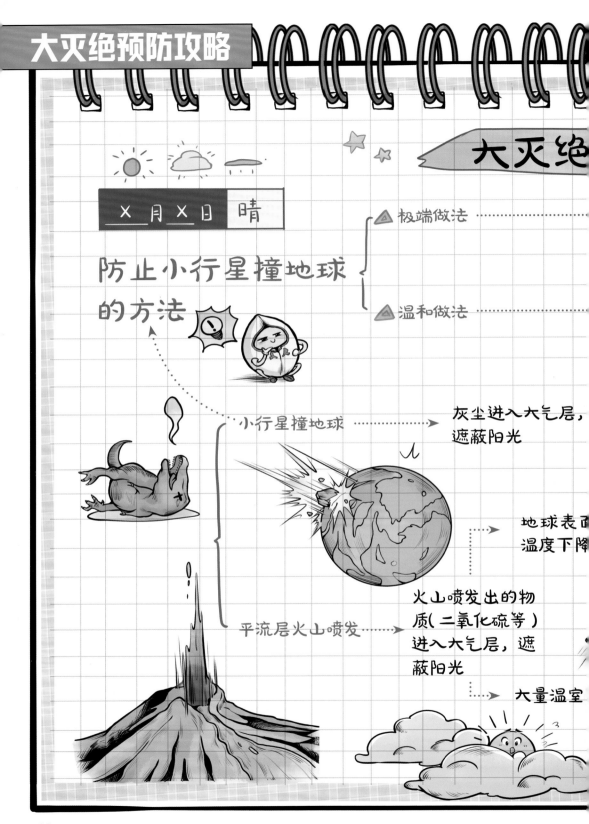

大灭绝

X 月 X 日　晴

防止小行星撞地球的方法

⚠ 极端做法 ⋯⋯⋯⋯

⚠ 温和做法 ⋯⋯⋯⋯

小行星撞地球 ⋯⋯⋯→ 灰尘进入大气层，遮蔽阳光

→ 地球表面温度下降

平流层火山喷发 ⋯⋯⋯ 火山喷发出的物质(二氧化硫等)进入大气层，遮蔽阳光

⋯⋯→ 大量温室

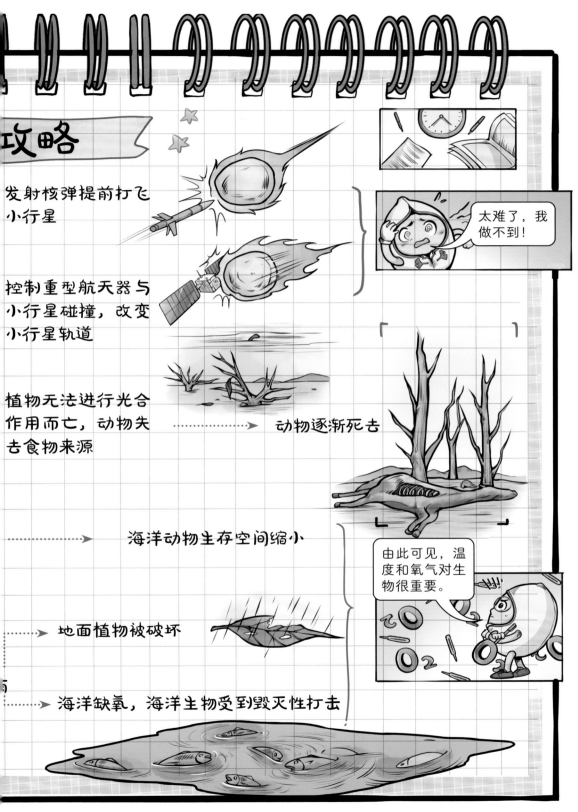

攻略

发射核弹提前打飞小行星

控制重型航天器与小行星碰撞，改变小行星轨道

植物无法进行光合作用而亡，动物失去食物来源 ------> 动物逐渐死去

------> 海洋动物生存空间缩小

------> 地面植物被破坏

------> 海洋缺氧，海洋生物受到毁灭性打击

太难了，我做不到！

由此可见，温度和氧气对生物很重要。

正式进入种子库前，要先填个表……

你问这是什么？

这是我总结的生物大灭绝预防攻略。

看这些都没用，最后还是得靠咱们种子库！

给你，进种子库之前要先填表登记。

过了一会儿……

表填完了吗？

▶ 交上报名表

13

要预防生物灭绝，最简单的方法就是把种子保存下来，让它们能一直延续下去……

种子里有植物的遗传物质，可以保证后代完整地复制"父母"的基因，从而保证物种的延续。

生物大灭绝是一个漫长的过程，人类现在就已经可以依靠种子库进行一些研究，抵抗未来的大灭绝了。

所以，只要有种子在，就还有生命的希望，种子库真的非常重要！

我们到了！

这里就是你以后的住处啦！

种子库的全称是中国西南野生生物种质资源库①，包含5个大库。

植物离体库

主要保存中间性和顽拗性种子②以及难以用种子保存的植物。

植物DNA库

提取植物DNA、保存野生植物的总DNA，用于科学研究。

植物种子库

种子库的核心，保存着脱水后可以存活的正常性种子。

你是脱水后可以存活的正常性种子，不需要特殊的保存方式，应该去植物种子库。

长期、安全、有效地保存具有重要经济价值的大型真菌种质资源。

主要保存珍稀濒危的野生脊椎动物种质资源。

微生物库

动物种质库

①种质资源就是遗传资源，保存生物的遗传物质。

②中间性种子和顽拗性种子指的是脱水后难以或无法存活的种子，需要用特殊方式保存。

▶去植物种子库

在正式入驻之前，我要先给你系统培训一下种子的相关知识……

水稻

玉米

板栗

葵花籽

不如先想一想，你认识哪些种子？

桃核

苹果核

椰子

火龙果籽

豆子

棉籽

种子的外形看起来各有特点，但万变不离其宗，所有的种子都有相似的结构！

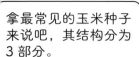

拿最常见的玉米种子来说吧，其结构分为3部分。

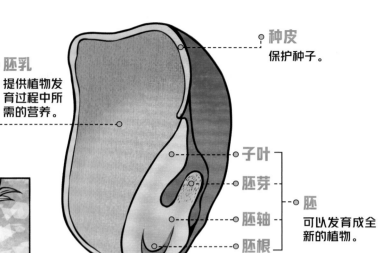

胚乳
提供植物发育过程中所需的营养。

种皮
保护种子。

子叶
胚芽
胚轴
胚根

胚
可以发育成全新的植物。

虽然结构差不多，但不同种子的部位看起来却形态各异。

椰肉
椰子种子的固态胚乳。

椰汁
椰子种子的液态胚乳。

棉花的种子有蓬松的种皮，这就是我们棉被、棉衣的材料来源！

石榴籽又小又多，令人烦躁……

苹果核、桃核虽然形态普通，但其实是有毒的哦！不过它们的毒素很少，即使不小心吃了也不用担心。

17

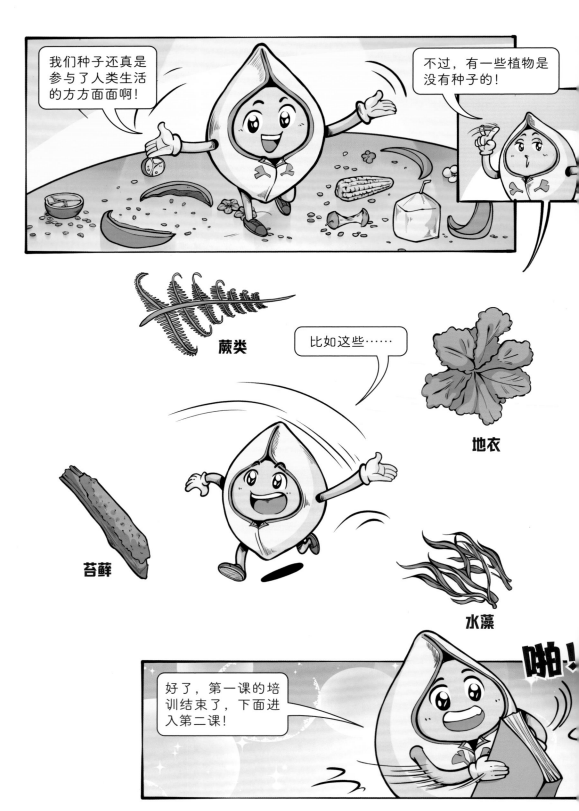

第二，中国有很多特有植物。

比如咱们——银杏。

你是知道的，咱们的祖先出现在地球上的时间非常早，那是 2.7 亿年前了吧……那时候，地球上有很多又高又大的裸子植物①……

可经过几次大灭绝，其他高大的裸子植物基本都死去了，最后就剩下咱们一种了……

①裸子植物是种子裸露在外的植物。

20

①被子植物的种子被果实包裹在内。

②在全球经历极端气候时，一些地貌复杂的山谷可能会成为残存森林及其幸存物种的"避难所"。银杏在中国野外有 3 个避难所，分别为东部（以浙江天目山为代表）、西南（以贵州务川、重庆金佛山为代表）以及南部（以广东南雄、广西兴安为代表）。

别跟我提什么银杏大道，那都是后来人工栽培的，和天然生长的是两个概念！

小张　　小王　　小刘

天然银杏从出芽到开花结果至少需要 23 年，而人工栽培的只需要 4 年，采用的技术更接近克隆，也就是复制基因。

所以满大街的银杏基因都差不多，没有小王、小张和小刘的区别，只有小王 1 号、小王 2 号和小王 3 号……

小王 1 号　　小王 2 号　　小王 3 号

人工栽培的银杏到处都是，但是天然的银杏树周围已经 10 年没有发现过成功活过 3 年的新幼苗了！这说明什么你知道吗？

说明咱们银杏已经丧失了生育能力，濒临灭绝了！

就连咱们，都来自人工栽培的银杏……

不说了，说多了都是眼泪，看下一种植物吧。

马尾树、大血藤、伯乐树、杜仲、银鹊树、独叶草……都是中国的特有植物。

这些特有植物分布的地方比较少，灭绝的风险更大，所以需要优先保护，而且特有植物本身就存在于物种丰富的地区，保护特有植物就是保护物种丰富的地区……

喂！不许睡觉！

▶ 打起精神来

第三，中国是栽培植物起源中心之一，早在 20 000 年前的新石器时代前期，中国就出现了五谷^①和一些果蔬。

①中国的疆域很广，植物的种类非常丰富。

②中国有很多特有植物。

③中国是栽培植物起源中心之一。

咚咚

注意看啊，出现生词了——栽培植物。

很简单，栽培植物就是人类有意或无意栽培出来的植物，有的是选育的品种，有的是杂交出来的……

栽培植物的培育都是为了满足人类的一些需求，有的是粮食作物，有的是油料作物，有的是蔬菜作物……

起源于中国的栽培植物有 400 多种，有大豆、粟、李、桃、杏……

①这里的五谷指麻、黍、稷、麦、菽，黍是黄米，稷是小米，菽是豆类的总称。

24

中国的优势很多，但也有一些需要改变的现状。

1970—2014 年间，脊椎动物种群规模在不到 50 年的时间里平均减小超过一半，植物灭绝的速度比受到人类影响之前自然灭绝的速度快了 500 倍。

现在，全球的生态都被破坏了，物种越来越少，形势并不乐观。

更别说还有一些人为了利益过度采伐林木、毫无节制地在草场上放牧，破坏环境！

不过，也不用过于悲观，国家现在很重视我们！

现在我们把视线挪回来，看一下云南省，也就是你即将入驻的种子库所在的地方。你有没有想过，中国那么大，为什么把种子库建在云南？

云南

是呀，为什么呢？

这些地方都是国际公认的物种超丰富的地区，而我处于核心位置和交会地带！

青藏高原

云南

中南半岛

云南省在中国的西南部，西边挨着青藏高原，南边接着中南半岛，这样的地理位置是种子库建在云南的关键。

云南省是中国生物多样性最丰富的省份，还是许多物种起源的地方，一直有"动物王国""植物王国""物种基因库"等多重美誉。

丰富的物种资源非常方便深入研究植物，早在1938年，云南省就成立了昆明植物研究所。

云南

你和我一样，都是银杏种子，那就既属于珍稀濒危，又属于特有种，经济价值也很高……像我们这样符合所有 3E 标准的种子很罕见的……

真没办法，看看这个吧。

什么是 3E？！天呐，你连 3E 都不知道，是怎么想到来种子库的……

中国西南野生生物种质资源库采集种子的标准

29

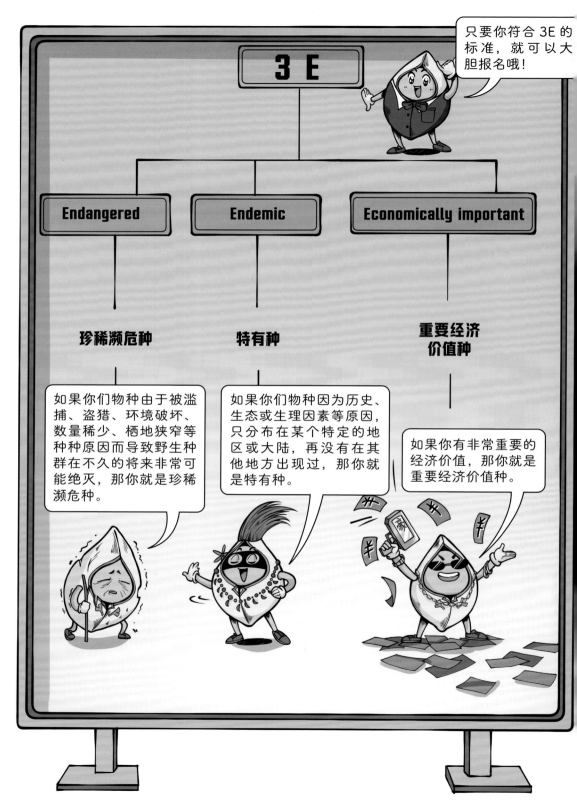

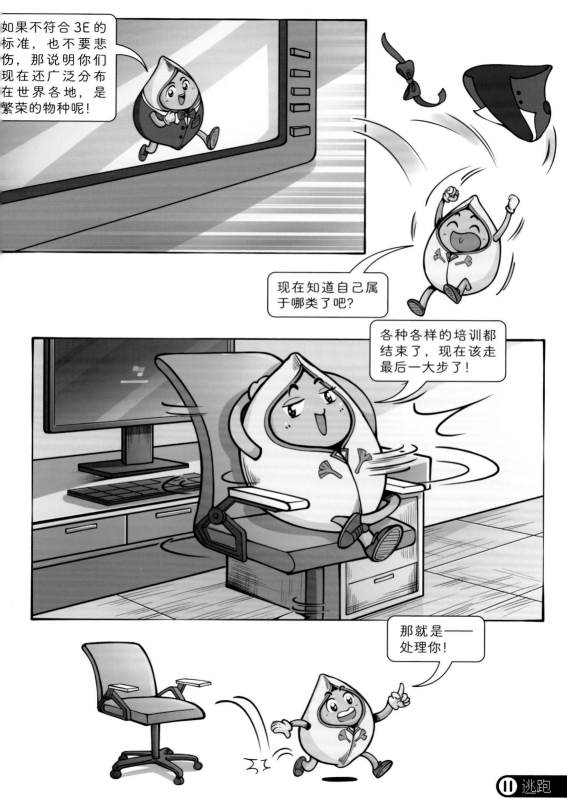

开始入驻流程

别怕别怕，处理种子是必需的，其实就像是给你做一个全身体检。

第一步是签收和登记，这和学校给学生分配班级、学号是一样的。

喏，这是你的。

初次干燥可以使你的含水量快速下降，能延长你作为种子的寿命，防止提前发芽。

我们走吧，去进行初次干燥处理。

温度：15℃
相对湿度：15℃

轮到你了，快请进！

水……

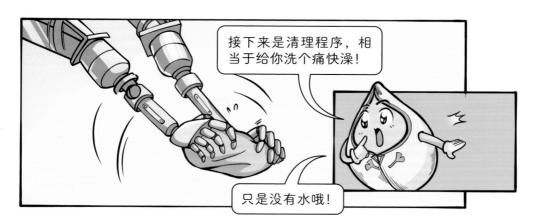

你的检测结果不错，是白色的，说明内部很饱满。

像这种黑色的就不行，说明内部是空瘪的。

接下来是计数。

报数！

2998！

2999！

2997！

3000！

3001！

一般来说，每种植物要采集保存 10 000 粒种子，最少也得 2500 粒。

如果是珍稀濒危的物种，或者本身数量很少的物种，最低要求是采集 500 粒种子。

然后再次干燥！

包装!

入库!

实验室

接下来,会有人每5~10 年检测你的情况,看能不能萌发,并记录下来。

之后还会对你进行其他研究,比如再次萌发实验、研究你长成成熟植株的快慢程度……

不过不用担心,那些都是以后的事了!

向红豆杉打招呼

37

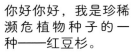

你好你好，我是珍稀濒危植物种子的一种——红豆杉。

珍稀濒危植物指的就是已经面临灭绝危机或以后非常可能灭绝的植物。

所以你一定要记住我的姿态，好好看看！以后真灭绝了就再也看不到了！

你都进种子库了，怎么会真的灭绝啊……

好了好了，我们去下一个区了。

再看看嘛，以后可能都看不到了哦！

好吧好吧，我很理解你的心情，谁不想在这个世界上留下自己的身影呢……

39

因为长期在逆境中生存，野生近缘植物往往演化出了抗病、抗虫等基因，所以人们可以利用它们的基因继续改进农作物。袁隆平院士培育的杂交水稻的基因就源自野生稻哦！

我只生活在寒冷的高原上，人们曾经在珠穆朗玛峰 6200 米高的位置采集到我！

好……好冷啊……

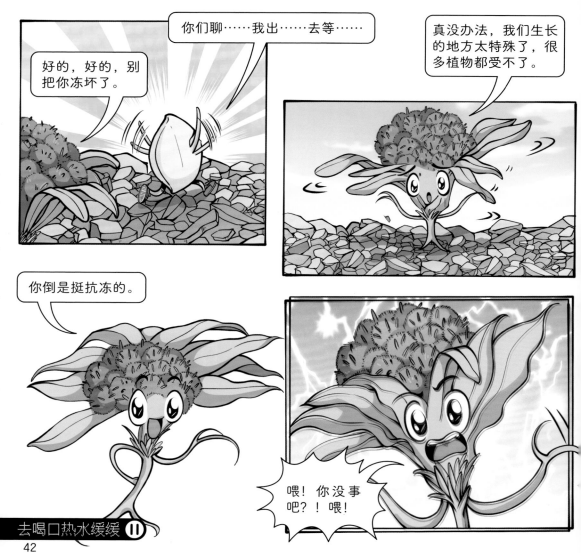

你们聊……我出……去等……

好的，好的，别把你冻坏了。

真没办法，我们生长的地方太特殊了，很多植物都受不了。

你倒是挺抗冻的。

喂！你没事吧？！喂！

43

45

重生

呼——引导新人真累啊!

咚咚咚

谁啊?

快递!

是我买的新游戏!

公元 12314 年，地球上曾经最辉煌的物种——人类，已经灭绝数年。

种子库也不复繁华。

但，生命并未就此终止。

那些看似弱小的种子。

依然会萌发。

长成参天大树。

世界各地的种子库

全球最大种子库

斯瓦尔巴全球种子库

国家 ▸ 挪威

地址 ▸ 北冰洋斯瓦尔巴群岛首府朗伊尔城

建成时间 ▸ 2008 年

建造目的 ▸ 为了在大规模的区域性或全球性危机出现期间防止某些种子基因的遗失，并进一步保存和备份种子的样本，因此别名"末日种子库"。

英国基尤千年种子库

国家 ▸ 英国

地址 ▸ 英国南部的韦克赫斯特植物园

建成时间 ▸ 2000 年

建造目的 ▸ 关注濒危野生植物，并对这类植物的种子开展科学研究。

南半球最大的 "种子银行"

澳大利亚种子银行

国家 ▶ 澳大利亚

地址 ▶ 澳大利亚悉尼市安南山地区

建成时间 ▶ 2013 年

建造目的 ▶ 搜集澳大利亚各地的种子，
保护本地生物多样性。

新加坡植物园种子库

国家 ▶ 新加坡

地址 ▶ 新加坡植物园

建成时间 ▶ 2019 年

建造目的 ▶ 通过保存东南亚植物的种子
和种质来保护植物物种。

图书在版编目（CIP）数据

超级工程驾到 : 共9册 / 米莱童书著、绘. -- 北京 :
北京理工大学出版社, 2023.2(2023.4重印)
ISBN 978-7-5763-1839-5

Ⅰ.①超… Ⅱ.①米… Ⅲ.①科学知识—少儿读物
Ⅳ.①Z228.1

中国版本图书馆CIP数据核字(2022)第212257号

出版发行 / 北京理工大学出版社有限责任公司
社　　　址 / 北京市海淀区中关村南大街5号
邮　　　编 / 100081
电　　　话 / （010）68944515（童书出版中心）
网　　　址 / http://www.bitpress.com.cn
经　　　销 / 全国各地新华书店
印　　　刷 / 北京尚唐印刷包装有限公司
开　　　本 / 710毫米 × 1000毫米　1 / 16
印　　　张 / 27　　　　　　　　　　　　　　　　责任编辑 / 李慧智
字　　　数 / 720千字　　　　　　　　　　　　　文字编辑 / 李慧智
版　　　次 / 2023年2月第1版　2023年4月第2次印刷　责任校对 / 刘亚男
定　　　价 / 200.00元（共9册）　　　　　　　　责任印制 / 王美丽

超级工程驾到

炎 黄 计 划

亚洲人的基因库

审读专家

杨焕明 中国科学院院士
华大基因理事长

● 米莱童书 著·绘

北京理工大学出版社
BEIJING INSTITUTE OF TECHNOLOGY PRESS

你好，欢迎翻开《超级工程驾到》，我是这套书的作者，想在你正式开始阅读之前和你聊聊天。

近些年，中国发展得越来越快、越来越好，在各个领域都取得了领先于世界的成果，尤其是科学技术领域。当下的时代是科技的时代，掌握科技对一个国家意义重大。就拿空间站来说，在中国空间站建成之前，国际空间站的建造和使用一直被欧美国家把控，中国人如果想去太空做个实验，要先经过其他国家的允许，特别被动。但在太空环境中进行科研，是当下科学界不可或缺的一部分，这不是与某个单一领域相关，而是与生物、医学、化学、物理等众多领域密切相关。"一步退，步步退"，如果我们无法早日利用空间站搞科研，就会逐渐落后于其他国家，时间久了，在国际上会失去话语权，甚至连保持民族独立和国土完整都成问题。因此，中国潜心研究 30 年，按着自己的步调"三步走"，终于成功建成了中国载人空间站"天宫"。如今，"天宫"已经迎来了几轮中国航天员的轮换，中国人在太空中进行科研项目再也不用受制于人。预计几年后，国际空间站就会退役，到那时，"天宫"将成为太空中唯一服役的空间站。而且，"天宫"面向全世界开放，将对全人类的发展做出不可替代的贡献。

与空间站类似，中国在其他领域同样成绩斐然：建成了全世界单口径最大的射电望远镜——"天眼"，开启人类观测宇宙新纪元；在全国普及高铁，便利了 14 亿人的出行，同时极大促进了区域经济的发展；成功研制出了特高压输电技术，完成了宏大的"西电东送"工程……毫无疑问，这些工程的价值不可估量，因此也被称为"超级工程"！

这些超级工程有的让我们的生活变得更好，有的承载了人类对于科学发展的期望，想想就让人热血澎湃，恨不得撸起袖子参与其中，为建造更美好的生活出一把力。

咦，等等，要怎么参与呢？

不要着急，我们这套《超级工程驾到》科普漫画正是要告诉你，雄心壮志是如何一步步实现的。这套书不但能让你知道这些超级工程的名字，还让你能够像了解一个好朋友那样去了解它们怎样出生、怎样被添加更多的技能（就像你慢慢学会了说话、走路……）、怎样克服各种建造上的困难（就像你好不容易解出了一道数学题）、怎样达到全球领先的位置！如果你心怀航海的梦想，你就要先见过最坚固的船、最猛烈的风暴，以及最遥远的彼岸。唯有一步步"见到"，才能亲自抵达。

除了对知识的准确讲解，漫画故事还要保证有趣，因为感到有趣和好玩，从来都是吸引人做一件事的最强驱动力。为此，漫画里加入了一些创新的尝试——让每个角色都"活起来"，与正在读书的你进行互动。你会遇到想和你交朋友的"天和"、想收你为徒的"桥大师"、阻止你开灯的"电流"、准备带你执行深潜任务的"蛟龙"号、带你入职种子库的"银杏种子"……至于到底要怎么和这些朋友打交道，就由你之后亲自去看看啦！

当下中国的崛起是有目共睹的，这离不开每一位迎难而上的科学家，也离不开每一位辛勤工作的普通人，更离不开未来可期的你。希望这套书能让你在感到有趣的同时，收获满满的知识，打开未来人生的新起点！

米莱知识宇宙

作者团队

米莱童书

由国内多位资深童书编辑、插画家组成的原创童书研发平台。旗下作品曾获得 2019 年度"中国好书"，2019、2020 年度"桂冠童书"等荣誉；创作内容多次入选"原动力"中国原创动漫出版扶持计划。作为中国新闻出版业科技与标准重点实验室（跨领域综合方向）授牌的中国青少年科普内容研发与推广基地，米莱童书一贯致力于对传统童书进行内容与形式的升级迭代，开发一流原创童书作品，适应当代中国家庭更高的阅读与学习需求。

策 划 人 ▶ 刘润东　魏　诺

统筹编辑 ▶ 王　佩

原创编辑 ▶ 王　佩　张婉月　王曼卿

漫画绘制 ▶ 王婉静　吴　帆　刘环悦　李元慧　罗雅馨

　　　　　　金灿灿　王美淇　辛　洋

装帧设计 ▶ 辛　洋　张立佳　刘雅宁　马司文　苗轲雯

专家审读 ▶ 杨焕明　中国科学院院士

　　　　　　　　　华大基因理事长

目　录

这位读者，你好呀！

在自我介绍之前，我想先问问：你是谁？请注意，我可不是在问你的名字，而是在问你的身份、你的角色……那么，你是谁？

我听说，孩童是想象力最旺盛的群体。不知道你有没有想过，如果你不是现在的你，而是一位误入基因世界的旅行者呢？你的生活会发生什么变化？作为一位基因世界的新人，你又将见证什么故事？一时想不出来也没关系，不如带上这些问题，和我一起去书里找找答案。

走吧，跟我进入一个截然不同的新世界，展开一段妙趣横生的精神旅行吧！

你的新世界领路人 基因

迷失在基因世界

碱基对

DNA 是一种平行的双螺旋结构，看起来非常像一架梯子。梯子每一级中间的横杆叫作碱基对。

每个碱基对由两个相互匹配的碱基构成。

而我，就负责记录下一段 DNA 片段上的遗传信息！

别愣着，进来帮我一起找啊！

图谱呢……图谱呢……在这里吗……？

1990年，世界各国的科学家共同启动了一项宏伟的"人类基因组计划"。

"人类基因组计划"的主要工作内容就是把人类的基因完整地破译出来，这样才能了解人类的各种特点对应着哪些基因。

科学家们把人体中的30亿个碱基对绘成图谱并记录在册，就好像冒险家得到了藏宝图，从此对于人类基因的所有秘密，都可以了如指掌！

15

16

当然了。不过，这得从人体中的一枚特殊细胞说起……

你好，我是来自女性身体的卵细胞。

我是来自男性身体的精细胞。

这个我知道！你想说的是生殖细胞，对不对？

生殖细胞和体细胞不同，里面只包含 23 条染色体，是体细胞中染色体数量的一半。

我们各自带着父母的一半基因，组成一个全新的生命！

基因就藏在染色体中。

基因代代相传，通过人类基因组图谱，我们就可以解决人类起源的终极问题。

19

以哺乳类动物为例，卵细胞在受精之后，就会将精细胞中的线粒体摧毁。

线粒体 DNA 是一种通过母系遗传的 DNA。

因此，线粒体 DNA 是人体内确定的、只来自妈妈的遗传基因。

人类基因组图谱里，就包含线粒体 DNA 的图谱。通过追踪线粒体 DNA，科学家们就可以追踪人类起源了！

疾病的"克星"

我再带你去另一个地方看看。

人类基因组图谱能够辅助鉴别出约一百种疾病基因。

啊？医院？我不去！我不去！

急诊楼

别紧张呀，进来看看就知道了！

在健康基因的对照下，哮喘、癌症、糖尿病、精神疾病等致病基因的缺陷一目了然。

有些致病基因会在人体中潜伏，平时不会表现出来。这时，通过基因筛查，可以预防并提前治疗。

贫血症　×
近视　×
癌症　×
……　×

说了这么半天，我该到哪里去找图谱啊……

没关系的，我陪你去基因图谱办公室再要一份备用文件好啦。

哇！博士你太好了！谢谢你！

呃……你先下来再说……

23

这里也是基因图谱办公室的一部分呀。不同的人种有着不同的基因特征，所以对于研究样本的采集需要更加全面。

原来不同的人种有这么多差异呀！

没错。不过，外形和体能的差异并不是最重要的。

大多数疾病都是环境因素和遗传体质共同作用的结果。在同样的环境中，有些人因为基因不同，更易得某种疾病，这个特殊的基因就叫作疾病易感基因。

在相同的环境中，有的人非常容易花粉过敏，有的人却没事。

比如，白种人面临着更高的皮肤癌遗传风险，可黄种人却面临更高的 LgA 肾病遗传风险。

28

实战！对抗狡猾的病毒！

给！这次可千万不能弄丢啦！
谢谢，博士！
警报！警报！发现病毒入侵！
糟了！有病毒！
啊？这可怎么办？
我来给你当帮手吧！
这里太危险了，你们赶快离开，我要把病毒抓住。
你们先到安全的地方等我！
好！一会儿见！

29

什么呀，基因测序才不是让基因排队呢……

基因测序大电影

"基因测序"是一种新型基因检测技术，能够从生物细胞中分析测定基因全序列，是人们识别病毒、诊治疾病的好帮手。

所有有细胞的生物都可以进行基因测序，这样就可以收集很多病毒信息了。

运用第一代基因测序技术，可以给病毒基因生成一份"罪犯资料"，从而锁定病毒基因的特征，让它无处可逃。

病毒

还敢跑？跑到天涯海角我也要捉到你！

不过，早期的基因测序技术需要耗费大量时间。

2003 年，SARS（重症急性呼吸综合征）病毒席卷全球，科学家们耗时 5 个多月，才最终确认它是一种未曾出现过的冠状病毒。

2020年，人类再次面对新型冠状病毒肺炎的挑战，而这一次，中国科学家只用了3天时间，就确定了新型冠状病毒的基因序列。

第二代基因技术采用了"大规模并行"的方法，可以在很短的时间内抓住病毒基因。

大家看仔细了！头上戴着假皇冠的就是病毒！

基因序列就像一张"通缉令"，上面绘制了病毒的特征，按照这张"通缉令"的指示，可以迅速筛查出人们是否感染了病毒。

退！退！退！

采集
通过（用最常见的咽拭子）采集鼻咽后部的分泌物，可以获得人体的基因信息。

分析
把人体的基因信息和病毒的基因信息进行对照。

"核酸检测"就是这样确定人们是否感染病毒的。

结果
如果样本中没有病毒的基因信息，那么这个人就是健康、安全的。

31

现在的第三代和第四代基因测序技术更加发达、更加便捷。

第三代和第四代基因测序技术使用了更先进的方法，可以把排查的范围缩到更小，甚至可以直接判定某一段 DNA 上发生异变的核苷酸，实现快速排查病因的目的。

主演
第三代基因测序技术

主演
第四代基因测序技术

基因测序大电影 第二部

我回来啦！
我抓住它了！

就是它！和通缉令上一模一样！

真是不好意思呀，你第一次来做客，就赶上了紧急情况。

先把它关在这儿，一会儿会有人来收拾它的。

可是，我们不是已经有基因图谱了吗？为什么还需要这么多个体基因资料呢？

这些个体基因资料是用来辅助"精准医疗"的。

嗯？什么是"精准医疗"？

这个问题由我来解答！

想象一下，你是一名医生，你的两个病人都说自己头疼。

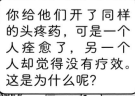

你给他们开了同样的头疼药，可是一个人痊愈了，另一个人却觉得没有疗效。这是为什么呢？

35

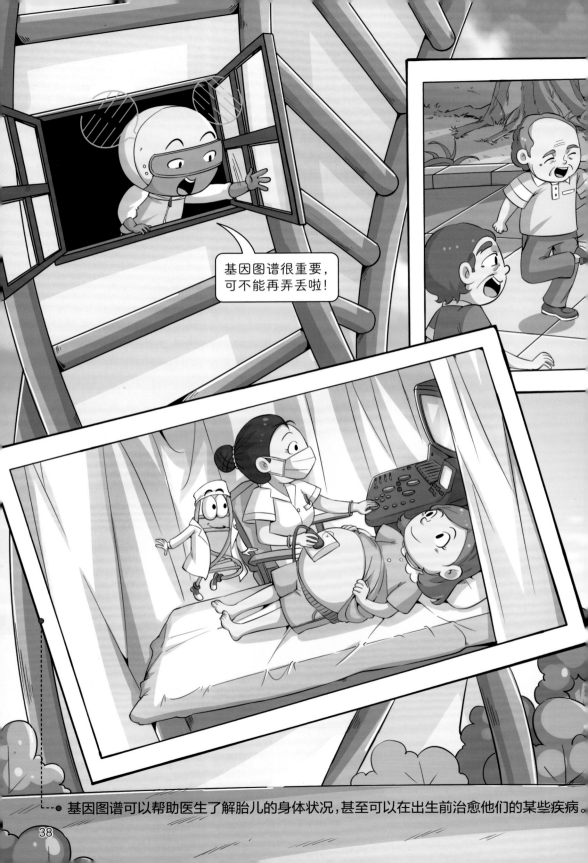

基因图谱很重要,可不能再弄丢啦!

基因图谱可以帮助医生了解胎儿的身体状况,甚至可以在出生前治愈他们的某些疾病。

基因图谱是"精准医疗"的基础，可以让每个人都使用最合适的治疗手段，让人们更健康、更长寿。

基因图谱可以让人们更了解自己的性格和情感变化，让生活更轻松、更快乐。

这次我一定把图谱安全送达！

人类基因组计划发展史

1990年，美国首先启动了"人类基因组计划"，随后英、日、法、德等国相继参与，科学家们致力于测定人类基因组的全部DNA序列，以期获得人类全面认识自我最重要的生物学信息。1999年9月，中国成为"人类基因组计划"的第六个参与国，也是其中唯一的发展中国家。

"炎黄计划"是对100个黄种人进行基因组测序的工程。2008年11月6日，深圳华大生命科学研究院（原"深圳华大基因研究院"）在《Nature》杂志上发表了首个亚洲人基因序列的研究成果，宣布炎黄计划基因测序的完成。目前，我们已经建立了首个亚洲人基因数据库，以便于数据共享和管理。

"国际千人基因组计划"启动于 2008 年 1 月，旨在提供最详尽的人类遗传变异图谱，从而推动基因组学在疾病健康领域的应用进程。目前，我国正在进行大规模亚洲人基因测序工作以及相应的生物信息分析。

"非洲人类遗传与健康计划项目"是一个研究非洲人基因组学和医学遗传学的倡议，其目标是建立非洲大陆的基础研究设施，培训研究人员和临床医生。

非洲人类遗传与健康计划项目

动植物及微生物基因组计划

2018 年 11 月，"地球生物基因组计划"正式启动，其目标是提供所有 180 万种已命名的植物、动物和真菌以及单细胞真核生物的完整 DNA 序列目录。

地球生物基因组计划

万种原生生物基因组计划

原生生物主要是由单细胞真核生物组成的一大类群，它们既是水生态系统的重要组成部分，也是水产动物和人类的优良饵料和营养品。

2019 年 12 月 30 日，"万种原生生物基因组计划"在中国科学院水生生物研究所正式对外发布。该计划旨在绘制万种代表性原生生物基因组图谱，从而建立一个大规模的原生生物遗传资源数据库。

1998 年，"国际水稻基因组测序计划"正式启动，中国与日本、美国、法国、韩国、印度等国一道成为这一国际组织的成员。2002 年 12 月 12 日，中国宣布水稻基因组"精细图"已经完成。水稻基因组计划研究包括水稻基因组测序和水稻基因组信息，是继"人类基因组计划"后的又一重大国际合作的基因组研究项目。

2009 年，科学家们从 4000 年前的古代人类头发中提取出细胞核 DNA 碎片，并完成了世界首例古人类全基因组的深度序列测定和解读工作。研究证明，在现代美洲原住民迁徙到美洲之前，还有更早一批黄种人群体经西伯利亚迁徙到美洲，为这一人类演化历史中的重大问题提供了根本证据。

古人类基因组测序

图书在版编目（CIP）数据

超级工程驾到 : 共9册 / 米莱童书著、绘. -- 北京：
北京理工大学出版社, 2023.2(2023.4重印)
　ISBN 978-7-5763-1839-5

　Ⅰ.①超… Ⅱ.①米… Ⅲ.①科学知识—少儿读物
Ⅳ.①Z228.1

中国版本图书馆CIP数据核字(2022)第212257号

出版发行 / 北京理工大学出版社有限责任公司
社　　址 / 北京市海淀区中关村南大街5号
邮　　编 / 100081
电　　话 / （010）68944515（童书出版中心）
网　　址 / http://www.bitpress.com.cn
经　　销 / 全国各地新华书店
印　　刷 / 北京尚唐印刷包装有限公司
开　　本 / 710毫米 × 1000毫米　1 / 16
印　　张 / 27　　　　　　　　　　　　　　责任编辑 / 张　萌
字　　数 / 720千字　　　　　　　　　　　文字编辑 / 钟　博
版　　次 / 2023年2月第1版　2023年4月第2次印刷　责任校对 / 刘亚男
定　　价 / 200.00元（共9册）　　　　　　责任印制 / 王美丽

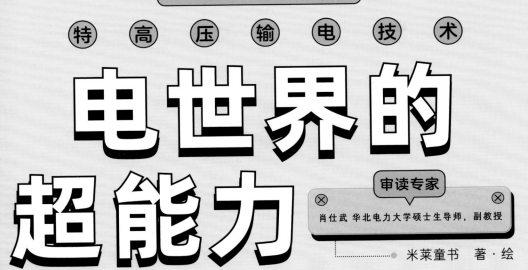

超级工程驾到

特 高 压 输 电 技 术

电世界的超能力

审读专家

肖仕武 华北电力大学硕士生导师，副教授

米莱童书 著·绘

北京理工大学出版社
BEIJING INSTITUTE OF TECHNOLOGY PRESS

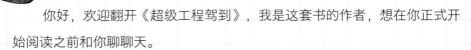

序 言

你好，欢迎翻开《超级工程驾到》，我是这套书的作者，想在你正式开始阅读之前和你聊聊天。

近些年，中国发展得越来越快、越来越好，在各个领域都取得了领先于世界的成果，尤其是科学技术领域。当下的时代是科技的时代，掌握科技对一个国家意义重大。就拿空间站来说，在中国空间站建成之前，国际空间站的建造和使用一直被欧美国家把控，中国人如果想去太空做个实验，要先经过其他国家的允许，特别被动。但在太空环境中进行科研，是当下科学界不可或缺的一部分，这不是与某个单一领域相关，而是与生物、医学、化学、物理等众多领域密切相关。"一步退，步步退"，如果我们无法早日利用空间站搞科研，就会逐渐落后于其他国家，时间久了，在国际上会失去话语权，甚至连保持民族独立和国土完整都成问题。因此，中国潜心研究 30 年，按着自己的步调"三步走"，终于成功建成了中国载人空间站"天宫"。如今，"天宫"已经迎来了几轮中国航天员的轮换，中国人在太空中进行科研项目再也不用受制于人。预计几年后，国际空间站就会退役，到那时，"天宫"将成为太空中唯一服役的空间站。而且，"天宫"面向全世界开放，将对全人类的发展做出不可替代的贡献。

与空间站类似，中国在其他领域同样成绩斐然：建成了全世界单口径最大的射电望远镜——"天眼"，开启人类观测宇宙新纪元；在全国普及高铁，便利了 14 亿人的出行，同时极大促进了区域经济的发展；成功研制出了特高压输电技术，完成了宏大的"西电东送"工程……毫无疑问，这些工程的价值不可估量，因此也被称为"超级工程"！

这些超级工程有的让我们的生活变得更好，有的承载了人类对于科学发展的期望，想想就让人热血澎湃，恨不得撸起袖子参与其中，为建造更美好的生活出一把力。

咦，等等，要怎么参与呢？

不要着急，我们这套《超级工程驾到》科普漫画正是要告诉你，雄心壮志是如何一步步实现的。这套书不但能让你知道这些超级工程的名字，还让你能够像了解一个好朋友那样去了解它们怎样出生、怎样被添加更多的技能（就像你慢慢学会了说话、走路……）、怎样克服各种建造上的困难（就像你好不容易解出了一道数学题）、怎样达到全球领先的位置！如果你心怀航海的梦想，你就要先见过最坚固的船、最猛烈的风暴，以及最遥远的彼岸。唯有一步步"见到"，才能亲自抵达。

除了对知识的准确讲解，漫画故事还要保证有趣，因为感到有趣和好玩，从来都是吸引人做一件事的最强驱动力。为此，漫画里加入了一些创新的尝试——让每个角色都"活起来"，与正在读书的你进行互动。你会遇到想和你交朋友的"天和"、想收你为徒的"桥大师"、阻止你开灯的"电流"、准备带你执行深潜任务的"蛟龙"号、带你入职种子库的"银杏种子"……至于到底要怎么和这些朋友打交道，就由你之后亲自去看看啦！

当下中国的崛起是有目共睹的，这离不开每一位迎难而上的科学家，也离不开每一位辛勤工作的普通人，更离不开未来可期的你。希望这套书能让你在感到有趣的同时，收获满满的知识，打开未来人生的新起点！

米莱知识宇宙

作者团队

米莱童书

由国内多位资深童书编辑、插画家组成的原创童书研发平台。旗下作品曾获得 2019 年度"中国好书"，2019、2020 年度"桂冠童书"等荣誉；创作内容多次入选"原动力"中国原创动漫出版扶持计划。作为中国新闻出版业科技与标准重点实验室（跨领域综合方向）授牌的中国青少年科普内容研发与推广基地，米莱童书一贯致力于对传统童书进行内容与形式的升级迭代，开发一流原创童书作品，适应当代中国家庭更高的阅读与学习需求。

策 划 人	刘润东　魏　诺
统筹编辑	王　佩
原创编辑	王　佩　张婉月　王曼卿
漫画绘制	王婉静　吴　帆　刘环悦　李元慧　罗雅馨
	金灿灿　王美淇　辛　洋
装帧设计	辛　洋　张立佳　刘雅宁　马司文　苗轲雯
专家审读	肖仕武　华北电力大学硕士生导师，副教授

目 录

这位读者，你好呀！

在自我介绍之前，我想先问问：你是谁？请注意，我可不是在问你的名字，而是在问你的身份、你的角色……那么，你是谁？

我听说，孩童是想象力最旺盛的群体。不知道你有没有想过，如果你不是现在的你，而是能进入电能世界的旅行者呢？你的生活会发生什么变化？作为一位电能世界的新人，你又将见证什么故事？一时想不出来也没关系，不如带上这些问题，和我一起去书里找找答案。

走吧，跟我进入一个截然不同的新世界，展开一段妙趣横生的精神旅行吧！

你的新朋友 特高压

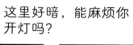

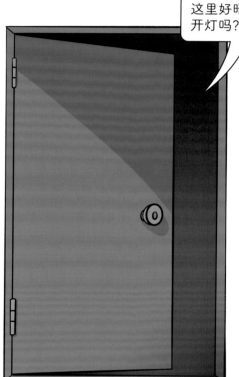

我们从发电站出生，也从这里出发。

发电站
生产电的地方，常见的有水力发电站、风力发电站、太阳能发电站、核电站等。

升压变电所
可以把电压升高，从而减少同一时间内通过输电线的电流，这样可以使电流的损耗减少，从而使一定时间内到达目的地的电流增大。

输电线
运输电流的线路有两种：一种由负责运输电流的金属丝和不导电的外皮构成，外皮可以保护人和动植物不触电；另一种只有负责运输电流的金属线。

独特的能源分布

呜呜……提起来我就伤心……要是不用长途跋涉就好了……

但是不从那么远的地方过来又行不通，毕竟中国的能源分布和电力消费主力军不在一起……

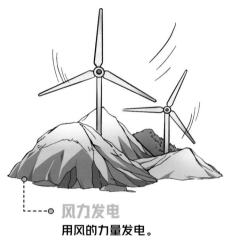

风力发电
用风的力量发电。

水力发电
用水流的高低落差来发电。

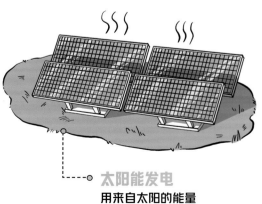

太阳能发电
用来自太阳的能量来发电。

就拿最常见的风力、水力和太阳能来说吧。①

①当前我国电能主要来源于火力发电。

中国的陆上风电场主要分布在"三北"——西北、华北和东北。风从南方或北方吹来，这些区域优先接触到风。

东南沿海也有海上发电场，但陆上风电的发电量约为海上风电的10倍。

中国的水能主要分布在西南地区，四川更是有"水电王国"的称号。

云南的水能也很丰富，主要集中在金沙江、雅砻江、澜沧江、怒江、雅鲁藏布江、大渡河等流域。

全中国太阳能资源最充沛的地方是西藏、青海、新疆等西部地区。

青藏高原的太阳能资源最丰富，这里的平均海拔在4000米以上，大气层又薄又清洁，方便阳光照射。

事情是这样的……

我们电流就像水流，有大有小，大电流就像大河，可以运送大型游轮。

小电流就像小溪，虽然没有巨大的能量，但也可以把一艘小船从上游运送到下游。

决定电流大小的因素主要有两个：电阻和电压。

其中，电阻就是我们的敌人！

电阻

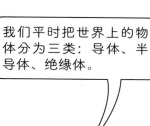

我们平时把世界上的物体分为三类：导体、半导体、绝缘体。

半导体

导电能力没有导体强，并且很容易受温度、光照等条件影响的物体，比如手机里的硅芯片。

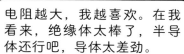

导体

导电能力强，电流能够迅速、顺利通过的物体，比如金属、水。

绝缘体

没有导电能力，不允许电流通过的物体，比如陶瓷、橡胶。

电阻越大，我越喜欢。在我看来，绝缘体太棒了，半导体还行吧，导体太差劲。

对了，你们人体也是导体，也很差劲。

人体是导体，所以也非常优秀！

你胡说！电阻越小，导电能力越强！要是从运输电流、方便人类生活的角度看，导体第一，半导体第二，绝缘体最后！

17

18

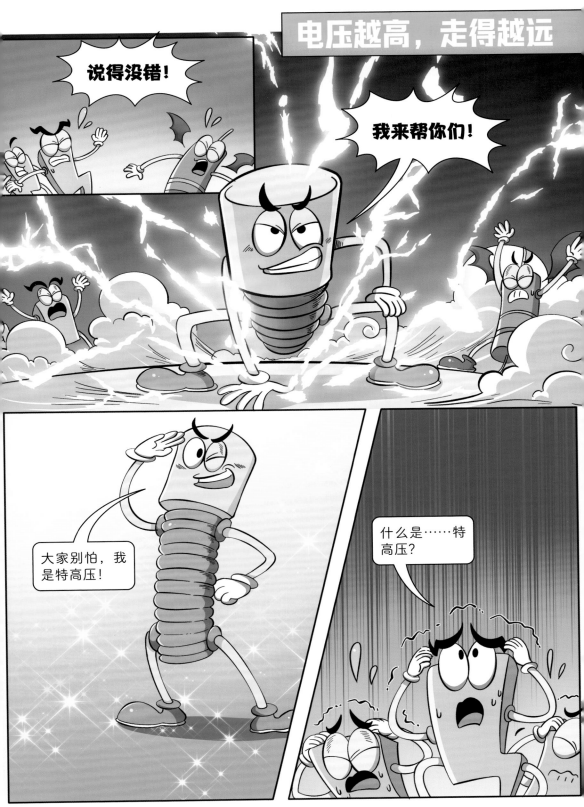

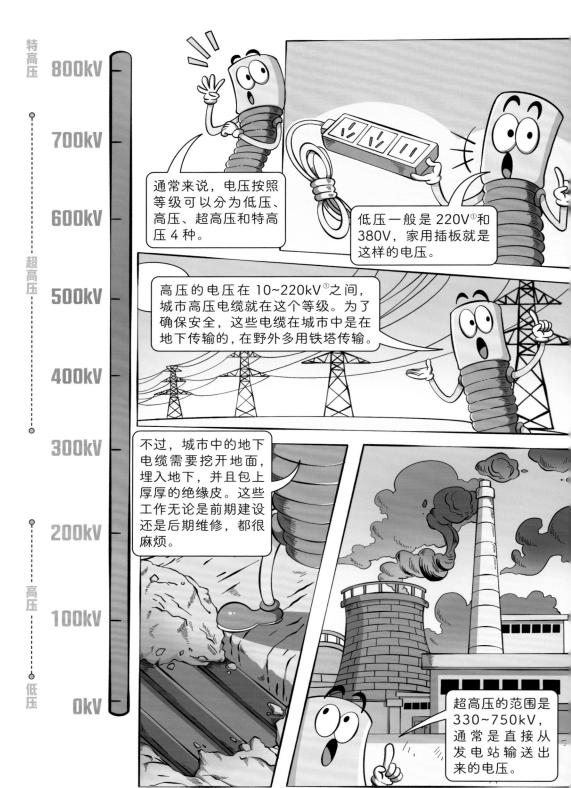

特高压

800kV

700kV

超高压

600kV

500kV

400kV

300kV

高压

200kV

100kV

低压

0kV

通常来说，电压按照等级可以分为低压、高压、超高压和特高压 4 种。

低压一般是 220V[①]和 380V，家用插板就是这样的电压。

高压的电压在 10~220kV[①]之间，城市高压电缆就在这个等级。为了确保安全，这些电缆在城市中是在地下传输的，在野外多用铁塔传输。

不过，城市中的地下电缆需要挖开地面，埋入地下，并且包上厚厚的绝缘皮。这些工作无论是前期建设还是后期维修，都很麻烦。

超高压的范围是 330~750kV，通常是直接从发电站输送出来的电压。

① V（伏）和 kV（千伏）都是表示电压的单位，1kV=1000V。

① 交流电和直流电是电的两种类型，交流电指的是大小和方向做周期性变化的电流；直流电指的是在一定时间内，大小和方向不变的电流。

强壮与智慧并存

我不仅可以用更大的力气推动电流，而且可以使电流更安全地通过电阻，这样就可以减少电流在运输过程中的损耗，从而在一定时间内输送更多的电流到达终点。

严谨一点，我们用数据说话：我一次性可以运送多于超高压3倍的电量，减少45%的损耗，最远输电距离能提升2.5倍！

超高压

有必要这么对我吗？

我懂了，你是大力士。

可是你怎么才来啊？我们电流已经吃了这么多年的苦，经过了这么多场危险的战斗……

哎呀，你别哭呀！

24

一旦被闪电击中，大量的电能会瞬间注入输电线，损坏整个输电系统。因此，必须要利用避雷器把闪电引向大地。

利用新能源发电具有很强的不确定性，因为人们无法控制大自然所给予的风力、光照和水流的强度，因此，我需要解决电压不稳的问题。

电压不稳会使整个电网里的设备无法稳定运行，影响各种设备的使用寿命。严重时，还会造成家庭和工厂、医院等单位电路跳闸、无法用电。

为了解决这一问题，我必须要借助电抗器的力量。电抗器就像一位太极大师，可以通过神奇的磁场抑制不稳定的电压带来的冲击。

普通的电抗器只能应对普通的电压冲击，我准备的是将近 100 吨的"重量级"电抗器！

电抗器

K.O.!!!

这是中国西电集团为首个特高压工程（晋东南—南阳—荆门特高压交流试验示范工程）制造的特高压电抗器，也只有中国造得出这种规模的电抗器！

我的第二个对手是我自己。

闪电可以凭借超高的电压击穿空气，我的特高压也一样可以击穿空气。

一旦击穿空气……

输电系统中的电流就会回到输电塔，造成短路。

溜了溜了！

所以,输电塔上都会挂上绝缘子,把电线和输电塔隔开。绝缘子完全不导电,可以防止电流回流。

绝缘子

为了安全起见,特高压的绝缘子更长。

陶瓷材料的绝缘子最常见,因为陶瓷是价格低廉的绝缘体,但它们却无法应用于特高压输电系统中。

29

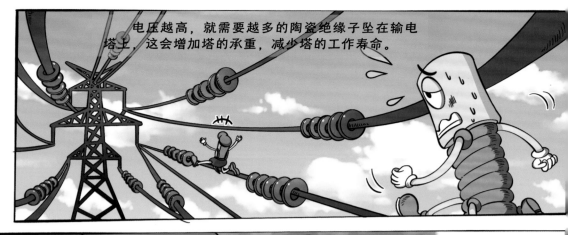

电压越高，就需要越多的陶瓷绝缘子坠在输电塔上，这会增加塔的承重，减少塔的工作寿命。

复合材料绝缘子

由于长期处于室外，绝缘子上会有很多灰尘，这些灰尘遇到水分容易变成导电体，在高压环境下出现强烈的放电现象，产生的火花会损坏绝缘子表面。

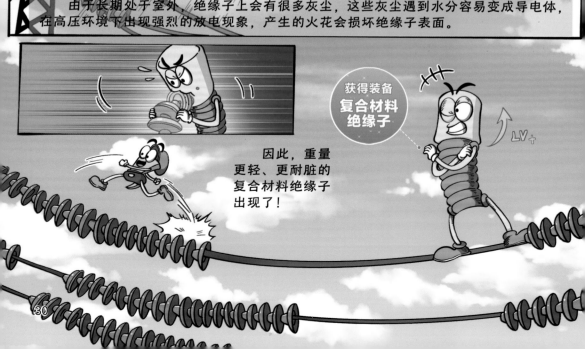

获得装备
复合材料
绝缘子

LV+

因此，重量更轻、更耐脏的复合材料绝缘子出现了！

复合材料包含陶瓷材料和高分子材料，结合了陶瓷的绝缘和高分子的轻便性能。

完了！过不去了！

现在，中国的复合绝缘子制造已经达到世界领先水平！

解决办法是使输电线更粗，就像是让道路更宽阔，不至于挤爆输电线。

00:30

这就是由中国自主研发的八分裂导线！

00:20

00:01

挑战成功！

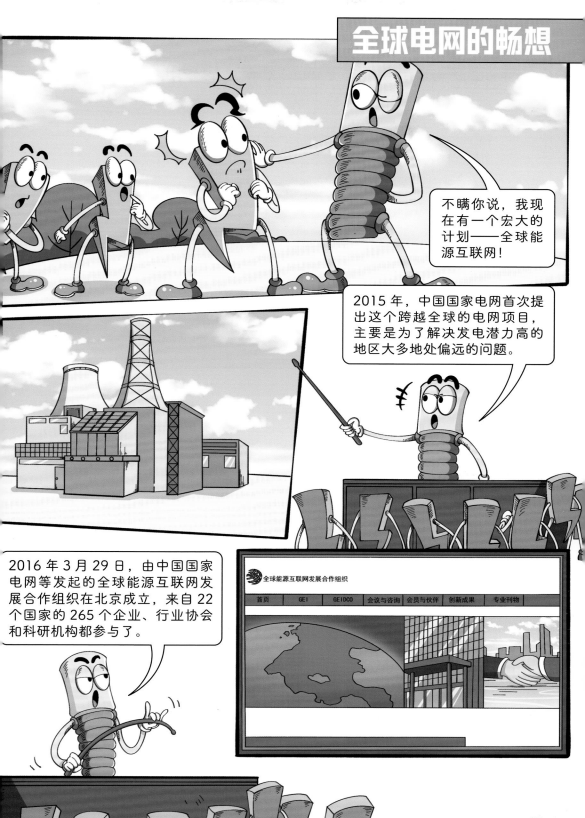

不瞒你说，我现在有一个宏大的计划——全球能源互联网！

2015 年，中国国家电网首次提出这个跨越全球的电网项目，主要是为了解决发电潜力高的地区大多地处偏远的问题。

2016 年 3 月 29 日，由中国国家电网等发起的全球能源互联网发展合作组织在北京成立，来自 22 个国家的 265 个企业、行业协会和科研机构都参与了。

全球能源互联网发展合作组织

| 首页 | GEI | GEIDCO | 会议与咨询 | 会员与伙伴 | 创新成果 | 专业刊物 |

37

没有成人的情况下，不乱摆弄电器设备。

见到脱落的电线要躲远，不要靠近，更不要用手碰。

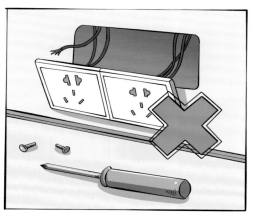

不要随意拆卸、安装电源线路、插座、插头等。

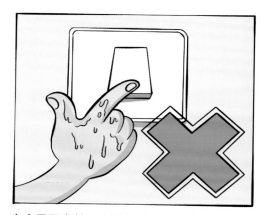

水也是导电的，电器用品不能沾水。不要用湿手触摸电器，不用湿布擦拭电器。

发现有人触电后，不要用手直接接触触电的人，要尽快呼喊成年人处理。

凡是金属制品，都是导电的，千万不要用这些工具直接与电源接触。

1882 年

7月26日，英国商人开办的"上海电光公司"开始发电，这是我国正式发电的第一座电厂，也是世界上最早的发电厂之一。

1912 年

中国建成了第一座水电站，位于云南石龙坝。

1991 年

中国建成了第一座核电站——秦山核电站。

中国成为世界上第 7 个可以自主设计、建造核电站的国家

2009 年

晋东南—南阳—荆门 1000 千伏特高压交流工程在中国投运。

世界上电压等级最高的输电工程

2011 年

中国发电量跃居世界第一。

2012 年

中国建成了全世界最大的水电站——三峡水电站，标志着中国的水电技术水平达到世界前列。

2016 年

±1100 千伏准东—皖南特高压直流输电工程开工建设。

世界上电压等级最高、输送容量最大、输送距离最远、技术水平先进的特高压输电工程

截至目前，中国已累计建成 20 多项特高压工程，单次输电能力最高达 1000 万千瓦，输送距离达 2400 千米，刷新世界电网技术新纪录。

中国成为世界首个，也是唯一成功掌握并实际应用特高压这项尖端技术的国家——不仅全面突破了特高压技术，率先建立了完整的技术标准体系，而且自主研制了全套特高压设备，实现了跨越式发展。

图书在版编目（CIP）数据

超级工程驾到：共9册 / 米莱童书著、绘. -- 北京：
北京理工大学出版社, 2023.2(2023.4重印)
　ISBN 978-7-5763-1839-5

Ⅰ.①超… Ⅱ.①米… Ⅲ.①科学知识—少儿读物
Ⅳ.①Z228.1

中国版本图书馆CIP数据核字(2022)第212257号

出版发行 / 北京理工大学出版社有限责任公司
社　　址 / 北京市海淀区中关村南大街5号
邮　　编 / 100081
电　　话 / （010）68944515（童书出版中心）
网　　址 / http://www.bitpress.com.cn
经　　销 / 全国各地新华书店
印　　刷 / 北京尚唐印刷包装有限公司
开　　本 / 710毫米 × 1000毫米　1 / 16
印　　张 / 27
字　　数 / 720千字
版　　次 / 2023年2月第1版　2023年4月第2次印刷
定　　价 / 200.00元（共9册）

责任编辑 / 张　萌
文字编辑 / 王玲玲
责任校对 / 刘亚男
责任印制 / 王美丽

超级工程驾到

桥　梁　工　程

把大地连接起来

审读专家

杜二虎　河海大学水科学研究院　教授

● 米莱童书　著·绘

北京理工大学出版社
BEIJING INSTITUTE OF TECHNOLOGY PRESS

序　言

你好，欢迎翻开《超级工程驾到》，我是这套书的作者，想在你正式开始阅读之前和你聊聊天。

近些年，中国发展得越来越快、越来越好，在各个领域都取得了领先于世界的成果，尤其是科学技术领域。当下的时代是科技的时代，掌握科技对一个国家意义重大。就拿空间站来说，在中国空间站建成之前，国际空间站的建造和使用一直被欧美国家把控，中国人如果想去太空做个实验，要先经过其他国家的允许，特别被动。但在太空环境中进行科研，是当下科学界不可或缺的一部分，这不是与某个单一领域相关，而是与生物、医学、化学、物理等众多领域密切相关。"一步退，步步退"，如果我们无法早日利用空间站搞科研，就会逐渐落后于其他国家，时间久了，在国际上会失去话语权，甚至连保持民族独立和国土完整都成问题。因此，中国潜心研究 30 年，按着自己的步调"三步走"，终于成功建成了中国载人空间站"天宫"。如今，"天宫"已经迎来了几轮中国航天员的轮换，中国人在太空中进行科研项目再也不用受制于人。预计几年后，国际空间站就会退役，到那时，"天宫"将成为太空中唯一服役的空间站。而且，"天宫"面向全世界开放，将对全人类的发展做出不可替代的贡献。

与空间站类似，中国在其他领域同样成绩斐然：建成了全世界单口径最大的射电望远镜——"天眼"，开启人类观测宇宙新纪元；在全国普及高铁，便利了 14 亿人的出行，同时极大促进了区域经济的发展；成功研制出了特高压输电技术，完成了宏大的"西电东送"工程……毫无疑问，这些工程的价值不可估量，因此也被称为"超级工程"！

这些超级工程有的让我们的生活变得更好，有的承载了人类对于科学发展的期望，想想就让人热血澎湃，恨不得撸起袖子参与其中，为建造更美好的生活出一把力。

咦，等等，要怎么参与呢？

不要着急，我们这套《超级工程驾到》科普漫画正是要告诉你，雄心壮志是如何一步步实现的。这套书不但能让你知道这些超级工程的名字，还让你能够像了解一个好朋友那样去了解它们怎样出生、怎样被添加更多的技能（就像你慢慢学会了说话、走路……）、怎样克服各种建造上的困难（就像你好不容易解出了一道数学题）、怎样达到全球领先的位置！如果你心怀航海的梦想，你就要先见过最坚固的船、最猛烈的风暴，以及最遥远的彼岸。唯有一步步"见到"，才能亲自抵达。

除了对知识的准确讲解，漫画故事还要保证有趣，因为感到有趣和好玩，从来都是吸引人做一件事的最强驱动力。为此，漫画里加入了一些创新的尝试——让每个角色都"活起来"，与正在读书的你进行互动。你会遇到想和你交朋友的"天和"、想收你为徒的"桥大师"、阻止你开灯的"电流"、准备带你执行深潜任务的"蛟龙"号、带你入职种子库的"银杏种子"……至于到底要怎么和这些朋友打交道，就由你之后亲自去看看啦！

当下中国的崛起是有目共睹的，这离不开每一位迎难而上的科学家，也离不开每一位辛勤工作的普通人，更离不开未来可期的你。希望这套书能让你在感到有趣的同时，收获满满的知识，打开未来人生的新起点！

米莱知识宇宙

作者团队

米莱童书

由国内多位资深童书编辑、插画家组成的原创童书研发平台。旗下作品曾获得 2019 年度"中国好书"，2019、2020 年度"桂冠童书"等荣誉；创作内容多次入选"原动力"中国原创动漫出版扶持计划。作为中国新闻出版业科技与标准重点实验室（跨领域综合方向）授牌的中国青少年科普内容研发与推广基地，米莱童书一贯致力于对传统童书进行内容与形式的升级迭代，开发一流原创童书作品，适应当代中国家庭更高的阅读与学习需求。

策 划 人 刘润东　魏　诺

统筹编辑 王　佩

原创编辑 王　佩　张婉月　王曼卿

漫画绘制 王婉静　吴　帆　刘环悦　李元慧　罗雅馨

　　　　　　金灿灿　王美淇　辛　洋

装帧设计 辛　洋　张立佳　刘雅宁　马司文　苗轲雯

专家审读 杜二虎　河海大学水科学研究院　教授

目　录

这位读者，你好呀！

在自我介绍之前，我想先问问：你是谁？请注意，我可不是在问你的名字，而是在问你的身份、你的角色⋯⋯那么，你是谁？

我听说，孩童是想象力最旺盛的群体。不知道你有没有想过，如果你不是现在的你，而是一位"传说之人"的徒弟呢？你的生活会发生什么变化？作为一名学徒，你又将去往何方？一时想不出来也没关系，不如带上这些问题，和我一起去书里找找答案。

走吧，跟我进入一个截然不同的新世界，展开一段妙趣横生的精神旅行吧！

即将收你为徒的 桥大师

造桥大师

桥大师招生啦！

桥大师招生啦！

走过路过不要错过！

喂！小朋友！看书的小朋友！

我看你很有学习造桥的天赋！不如来跟我学造桥吧！

对，就你！快过来！

▶ 离开这个奇怪的大师

你有没有想过,为什么中国需要造桥?

桥大师

中国的陆地类型多样,各类型的占比分别为:山地 33.3%,高原 26%,盆地 18.8%,平原 12%,丘陵 9.9%。

这些地方河流众多,流域面积超过 1000 平方千米的河流就有 2000 多条……

啪

这些山地、丘陵和高原本身就给交通运输带来了很多困难,再加上河流的阻隔,没有桥寸步难行!

到时候，无论是亲人、朋友见面，还是货物运输，都没法实现了！

桥大师

和你有什么关系？

你想想，要是你想去游乐场，却被家门口的河挡住了去路，只能绕远路走 3 小时，你难不难受？要是货车无法通行，你买的玩具送不到家，你郁不郁闷？

所以说，桥可以克服地形障碍，连通原本被阻隔的两岸，这是非常重要的。

桥大师

桥有着悠久的历史。早在远古时代，为了连接水路、方便通行，人们就已经建造了许多简易的木桥和石桥。

文人雅士更希望建造一些美观的、有文化意蕴的桥，可以审美赏玩，所以中国有不少这种类型的桥。

青山隐隐水迢迢，秋尽江南草未凋。二十四桥明月夜，玉人何处教吹箫。

不过，说到底，桥最重要的功能还是连接、通行。对于现代人来说，桥可以把两个城市连在一起，方便城市之间的合作和发展。

作为水陆交通的连接点，桥的周边很容易形成集市，促进当地经济的发展。有审美、文化、历史意义的桥还会作为景观带动当地旅游业发展……

正是这样一座又一座的桥，跨越山川河流，把全中国连通起来。就算是你习以为常的家门口的小桥，也是连通全中国不可或缺的一部分！

11

桥梁承载重物时，桥跨结构会有微小的变形，如果桥跨结构直接放在桥墩上，桥墩也会变形。

没有支座系统

桥跨结构
桥的上部结构，是承受人、车辆等重量通过的主要结构。

路堤
比原地面高出一些的堤岸式路面。

桥墩
支撑桥跨系统的结构。

来自桥跨结构的压力

有些桥没有桥墩，我们过会儿再说。

来自路面的支撑力

但在桥跨结构和桥墩之间加入支座系统，就能保证桥墩不变形，提高桥墩的稳定性和使用寿命。

有支座系统

桥台
位于桥梁两端，支撑桥梁上部结构并和路堤相衔接。

锥形护坡

挡土墙

桥台连接着桥与地面，同时承受着两面的力量，桥台两侧通常会建造一些防护工程，比如锥形护坡、挡土墙。

支座系统
置于桥跨结构和桥墩之间，由特殊材料制成，不易变形。

一座简单的桥

徒弟，你看，这条河其实不算太宽，而且也不会有什么重型卡车经过，所以为师认为，最合适的桥只有一种……

钢筋混凝土梁桥！

桥面板

梁桥就是主要用梁承重的桥，结构简单，但可以实现桥的基本功能。

桥大师

建造一个物体需要考虑它的材料，那么，我为什么选择用钢筋混凝土而不是别的建筑材料呢？

回答这个问题之前，你需要先知道混凝土是什么。

石

沙

水

水泥

哗啦

哗啦

混凝土搅拌机

混凝土是用沙、石、水、水泥按照一定比例混合搅拌而成的建筑材料，是世界上使用量最大的建筑材料，你家的房子也是由这种材料建成的。

梁
负责承托桥面板，桥上的车辆、行人的重量也会压在梁上。

18

徒弟，现在到了考验你的时候了，咱们得通过这个悬崖，你来造一座桥吧！

你就别推辞了，你看，对面的小动物也希望有座桥能通行呢！

当然了，我作为师父，还是会给你提供必要的帮助的。

首先，我们来分析一下现在的环境！

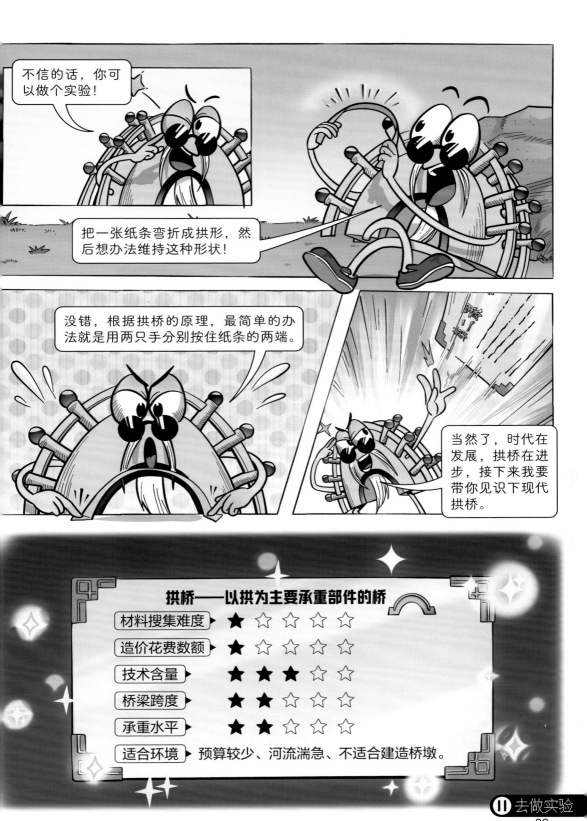

拱桥——以拱为主要承重部件的桥

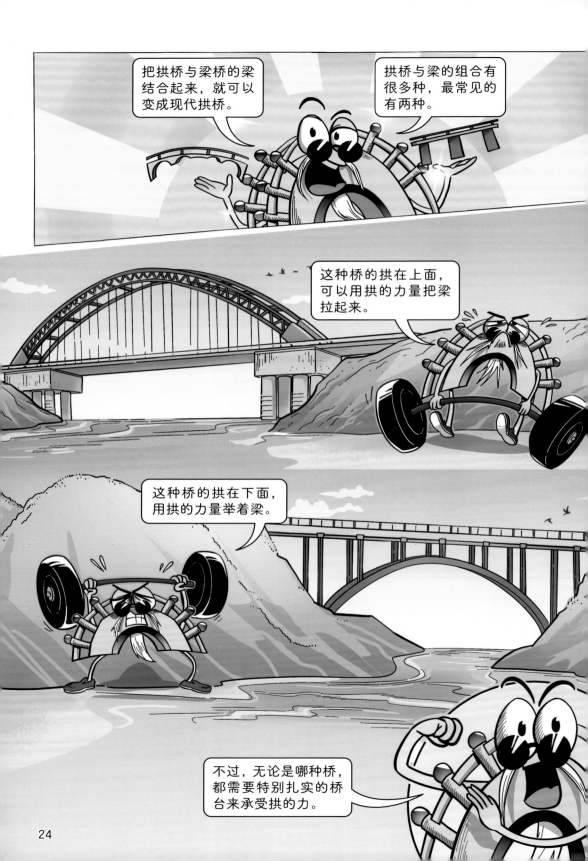

24

斜拉桥指的是用许多连接桥塔的钢缆把梁直接拉起来的桥。

梁
就是桥面。

桥塔
稳稳地插进地下，能够承担斜拉索带来的斜向下的力。

这里是斜拉桥的基本信息。

钢缆
就是斜拉索，一边连接桥塔，一边连接梁，利用稳稳的桥塔把梁拉起来。

斜拉桥没有桥墩，最脆弱的部分由两边的钢缆拉着，保证了桥面稳固，不会变形。

只要桥塔足够牢固，钢索足够结实，斜拉桥就能建得很长。

斜拉桥——由许多连接桥塔的钢缆把梁拉起来的桥，以斜拉钢缆为主要承重部件。

材料搜集难度 ▶	★★★☆☆
造价花费数额 ▶	★★★☆☆
技术含量 ▶	★★★★☆
桥梁跨度 ▶	★★★★☆
承重水平 ▶	★★★★★
适合环境 ▶	需要较大桥梁跨度（一般不超过1000米）。

请设计好桥梁后翻页 ▶

30

看来小岛上的居民对你建造的大桥很满意呀!

不过,已经建造了两座大桥了,应该带你先休息休息……

这回带你去个好地方!

有了!

吊桥也要与时俱进

这里就是你的考场！

咱们中国的造桥技术越来越好了……

考核如果没点儿难度，可就有点儿跟不上时代了。

来吧，请你根据情况建造一座跨海大桥，向大海发起挑战！

当然了，我不会让你"打无准备之仗"的，下一页就给你讲案例！

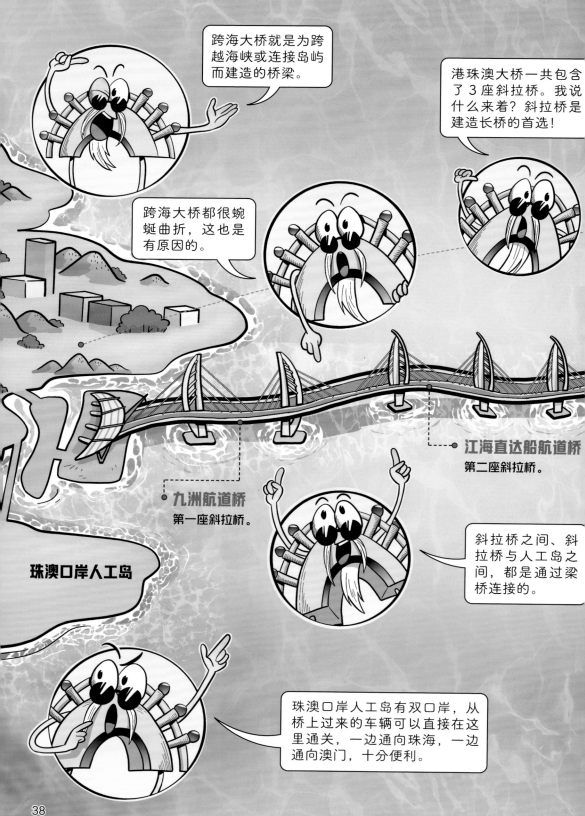

跨海大桥就是为跨越海峡或连接岛屿而建造的桥梁。

港珠澳大桥一共包含了3座斜拉桥。我说什么来着？斜拉桥是建造长桥的首选！

跨海大桥都很蜿蜒曲折，这也是有原因的。

江海直达船航道桥
第二座斜拉桥。

九洲航道桥
第一座斜拉桥。

珠澳口岸人工岛

斜拉桥之间、斜拉桥与人工岛之间，都是通过梁桥连接的。

珠澳口岸人工岛有双口岸，从桥上过来的车辆可以直接在这里通关，一边通向珠海，一边通向澳门，十分便利。

港珠澳大桥总长度约55千米，是世界最长的跨海大桥，也是粤港澳①三地首次合作共建的超大型跨海交通工程，建设这座大桥就是为了促进三地的沟通交流和经济发展。

55 千米

青州航道桥
第三座斜拉桥。

西人工岛 / 东人工岛
这两座人工岛是海上桥梁和海下隧道的转换平台。

香港段

海底隧道

香港

这里的海面十分忙碌，经常有大型邮轮航行，如果建桥，需要使桥面距离海面很高，但这里临近香港国际机场，太高的桥会妨碍飞机飞行，而海底隧道既不影响邮轮航行，也不影响飞机飞行，一举两得！

港珠澳大桥被誉为"奇迹之桥"，因为它创造了很多世界之最，是世界上里程最长、设计使用寿命最长、钢结构最大、施工难度最大、沉管隧道最长、技术含量最高、科学专利和投资金额最多……

①粤港澳分别为广东省、香港特别行政区、澳门特别行政区。

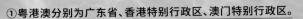

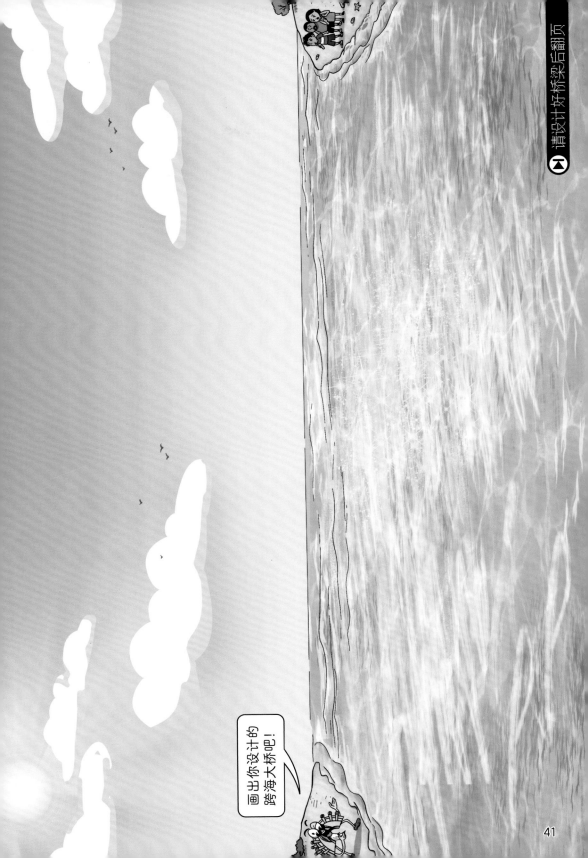

请设计好好桥梁后翻页

画出你设计的跨海大桥吧！

中 国 桥 梁 成 绩 单

姓名	北盘江第一桥	
籍贯	云南省 - 贵州省	565 米
称号	世界上最高的桥	
特长	桥面到江面垂直高度 565 米	

姓名	丹阳 - 昆山特大桥	
籍贯	江苏省	164851 米
称号	世界上最长的桥	
特长	桥梁长度为 164851 米	

姓名	杨泗港长江大桥	
籍贯	湖北省	4317.8 米
称号	世界最大跨度双层公路悬索桥	
特长	桥梁总长度为 4317.8 米	

姓名	沪苏通长江公铁大桥	
籍贯	江苏省	1092 米
称号	世界首座跨度超千米公铁两用斜拉桥	
特长	桥梁总长度为 1092 米	

这么看来，现在的桥和过去的桥真是有天壤之别啊！

古代的梁桥大多是石头建造的，现代梁桥最起码也会用钢筋混凝土，不缺经费的话，大把的钢材都会用上，长度和坚固度都提升了不止一个等级！

古代梁桥

古代的拱桥凝结了劳动人民的智慧，现代的拱桥更像是团结建设的成果，比较长的拱桥一点儿都不罕见，后来与梁桥的结合更是使拱桥的适用范围扩大了不少。

古代拱桥

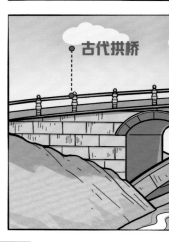

古代的吊桥材料简易，迎风就晃，走起来非常危险，现代的悬索桥非常坚固，车辆也能畅通无阻，很多悬索桥还是城市主干道的一部分呢！

古代吊桥

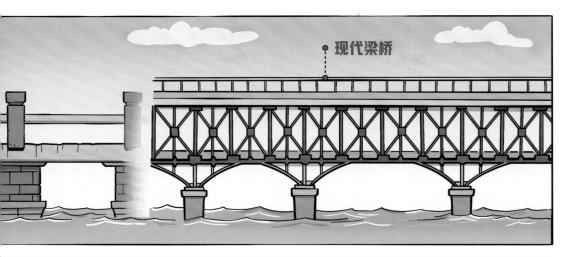

现代梁桥

现代拱桥

现代吊桥

后来人们还把各种桥梁进行组合和创造，建造出了堪比奇迹的跨海大桥！

宇宙星际大桥!

如何成为一名桥梁工程师

等一下！别急着走！

虽然顺利从我这里出师了，但你现在可还不是合格的桥梁工程师。

要想真正被市场认可，你还需要通过国家举办的工程师资格考试。

工程师资格考试

港口航道与海岸工程

地质勘探

水利水电工程

桥梁工程

环境工程

土木工程

工程力学

虽说这场考试对报名人的专业没有要求，但学习跟建筑相关的专业能使你通过的可能性大大提高。

有些学校的建筑专业很强，等你报考大学的时候可以提前查一查。

当然了，通过考试只是一方面……

真正的桥梁工程师需要实际参与桥梁的建造项目。

你还可以自己设计建造桥梁！

怎么样？准备好和我并肩作战了吗？

49

中国桥梁发展史

秦汉时期

我国已经广泛修建石梁桥。

1059 年

福建泉州的万安桥建成。

> 世界上现存最长、工程最艰巨的石梁桥

隋 朝

赵州桥建成，这座桥由工匠李春设计建造，又名安济桥。

> 世界上最古老、完好的大跨度石拱桥

1937 年

钱塘江大桥通车。

> 我国第一座现代桥梁

1957 年

武汉长江大桥竣工，这是长江上的第一座铁路、公路两用桥，被称为"万里长江第一桥"。

1968 年

南京长江大桥建成。

> 第一座完全由中国设计建造并基本采用国产材料的特大型桥梁

1975 年 云阳汤溪河桥建成。 我国第一座试验性的公路斜拉桥

1977 年 湘桂铁路红水河大桥建成。 我国第一座铁路斜拉桥

1995 年 广东汕头海湾大桥建成。 我国第一座现代化悬索桥

1999 年 江苏江阴长江大桥建成，主跨 1385 米，我国桥梁跨度第一次突破了千米级别。

2005 年 东海大桥开通。 我国第一座跨海大桥

2014 年 横跨多瑙河的泽蒙 - 博尔察大桥建成通车，这是中国企业在欧洲承建的首个大桥工程，成为一道横跨多瑙河的风景。

2018 年 港珠澳大桥通车，拥有全世界最长的沉管隧道。

世界跨海距离最长的桥隧组合公路

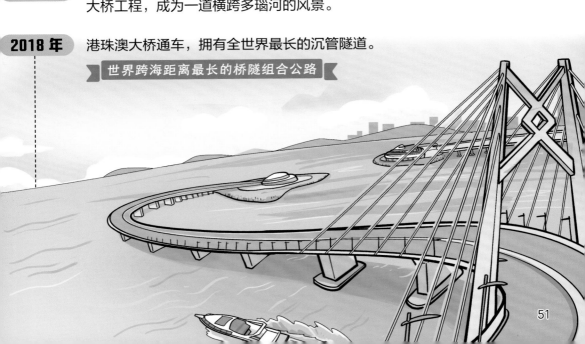

图书在版编目（CIP）数据

超级工程驾到 : 共9册 / 米莱童书著、绘. -- 北京 :
北京理工大学出版社, 2023.2(2023.4重印)

ISBN 978-7-5763-1839-5

Ⅰ. ①超… Ⅱ. ①米… Ⅲ. ①科学知识—少儿读物
Ⅳ. ①Z228.1

中国版本图书馆CIP数据核字(2022)第212257号

出版发行 / 北京理工大学出版社有限责任公司
社　　址 / 北京市海淀区中关村南大街5号
邮　　编 / 100081
电　　话 / （010）68944515（童书出版中心）
网　　址 / http://www.bitpress.com.cn
经　　销 / 全国各地新华书店
印　　刷 / 北京尚唐印刷包装有限公司
开　　本 / 710毫米×1000毫米　1 / 16
印　　张 / 27
字　　数 / 720千字
版　　次 / 2023年2月第1版　2023年4月第2次印刷
定　　价 / 200.00元（共9册）

责任编辑 / 王玲玲
文字编辑 / 王玲玲
责任校对 / 刘亚男
责任印制 / 王美丽

超级工程驾到

高 速 铁 路

让路程再短一点

审读专家

张新生 中国铁路总公司教授级高级工程师

米莱童书　著·绘

北京理工大学出版社

BEIJING INSTITUTE OF TECHNOLOGY PRESS

你好，欢迎翻开《超级工程驾到》，我是这套书的作者，想在你正式开始阅读之前和你聊聊天。

近些年，中国发展得越来越快、越来越好，在各个领域都取得了领先于世界的成果，尤其是科学技术领域。当下的时代是科技的时代，掌握科技对一个国家意义重大。就拿空间站来说，在中国空间站建成之前，国际空间站的建造和使用一直被欧美国家把控，中国人如果想去太空做个实验，要先经过其他国家的允许，特别被动。但在太空环境中进行科研，是当下科学界不可或缺的一部分，这不是与某个单一领域相关，而是与生物、医学、化学、物理等众多领域密切相关。"一步退，步步退"，如果我们无法早日利用空间站搞科研，就会逐渐落后于其他国家，时间久了，在国际上会失去话语权，甚至连保持民族独立和国土完整都成问题。因此，中国潜心研究 30 年，按着自己的步调"三步走"，终于成功建成了中国载人空间站"天宫"。如今，"天宫"已经迎来了几轮中国航天员的轮换，中国人在太空中进行科研项目再也不用受制于人。预计几年后，国际空间站就会退役，到那时，"天宫"将成为太空中唯一服役的空间站。而且，"天宫"面向全世界开放，将对全人类的发展做出不可替代的贡献。

与空间站类似，中国在其他领域同样成绩斐然：建成了全世界单口径最大的射电望远镜——"天眼"，开启人类观测宇宙新纪元；在全国普及高铁，便利了 14 亿人的出行，同时极大促进了区域经济的发展；成功研制出了特高压输电技术，完成了宏大的"西电东送"工程……毫无疑问，这些工程的价值不可估量，因此也被称为"超级工程"！

这些超级工程有的让我们的生活变得更好，有的承载了人类对于科学发展的期望，想想就让人热血澎湃，恨不得撸起袖子参与其中，为建造更美好的生活出一把力。

咦，等等，要怎么参与呢？

不要着急，我们这套《超级工程驾到》科普漫画正是要告诉你，雄心壮志是如何一步步实现的。这套书不但能让你知道这些超级工程的名字，还让你能够像了解一个好朋友那样去了解它们怎样出生、怎样被添加更多的技能（就像你慢慢学会了说话、走路……）、怎样克服各种建造上的困难（就像你好不容易解出了一道数学题）、怎样达到全球领先的位置！如果你心怀航海的梦想，你就要先见过最坚固的船、最猛烈的风暴，以及最遥远的彼岸。唯有一步步"见到"，才能亲自抵达。

除了对知识的准确讲解，漫画故事还要保证有趣，因为感到有趣和好玩，从来都是吸引人做一件事的最强驱动力。为此，漫画里加入了一些创新的尝试——让每个角色都"活起来"，与正在读书的你进行互动。你会遇到想和你交朋友的"天和"、想收你为徒的"桥大师"、阻止你开灯的"电流"、准备带你执行深潜任务的"蛟龙"号、带你入职种子库的"银杏种子"……至于到底要怎么和这些朋友打交道，就由你之后亲自去看看啦！

当下中国的崛起是有目共睹的，这离不开每一位迎难而上的科学家，也离不开每一位辛勤工作的普通人，更离不开未来可期的你。希望这套书能让你在感到有趣的同时，收获满满的知识，打开未来人生的新起点！

米莱知识宇宙

作者团队

米莱童书

由国内多位资深童书编辑、插画家组成的原创童书研发平台。旗下作品曾获得 2019 年度"中国好书",2019、2020 年度"桂冠童书"等荣誉;创作内容多次入选"原动力"中国原创动漫出版扶持计划。作为中国新闻出版业科技与标准重点实验室(跨领域综合方向)授牌的中国青少年科普内容研发与推广基地,米莱童书一贯致力于对传统童书进行内容与形式的升级迭代,开发一流原创童书作品,适应当代中国家庭更高的阅读与学习需求。

策 划 人	刘润东　魏　诺
统筹编辑	王　佩
原创编辑	王　佩　张婉月　王曼卿
漫画绘制	王婉静　吴　帆　刘环悦　李元慧　罗雅馨
	金灿灿　王美淇　辛　洋
装帧设计	辛　洋　张立佳　刘雅宁　马司文　苗轲雯
专家审读	张新生　中国铁路总公司教授级高级工程师

目　录

这位读者,你好呀!

在自我介绍之前,我想先问问:你是谁?请注意,我可不是在问你的名字,而是在问你的身份、你的角色⋯⋯那么,你是谁?

我听说,孩童是想象力最旺盛的群体。不知道你有没有想过,如果你不是现在的你,而是一位抽中了"高铁一日游"的幸运观众呢?你的生活会发生什么变化?乘坐着高铁,你又将去往何方?一时想不出来也没关系,不如带上这些问题,和我一起去书里找找答案。

走吧,跟我进入一个截然不同的新世界,展开一段妙趣横生的精神旅行吧!

你马上要乘坐的 高铁

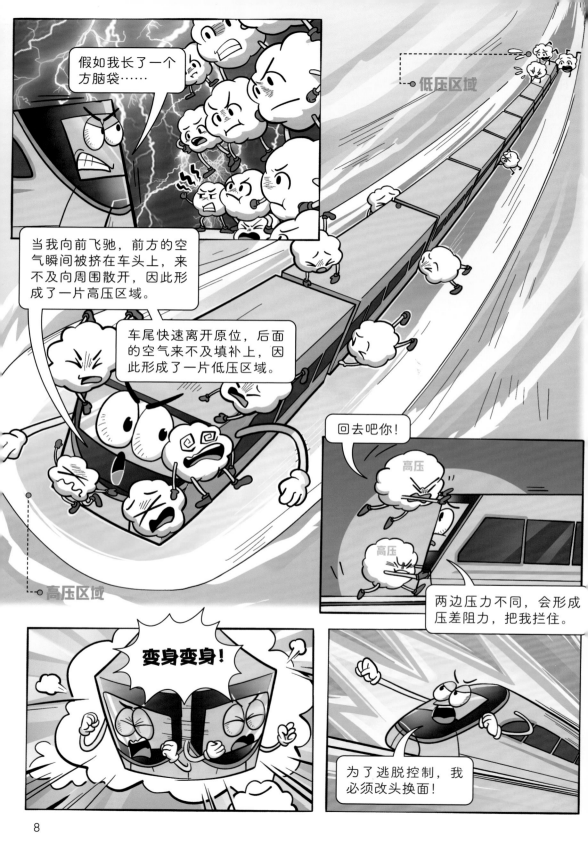

假如我长了一个方脑袋……

低压区域

当我向前飞驰，前方的空气瞬间被挤在车头上，来不及向周围散开，因此形成了一片高压区域。

车尾快速离开原位，后面的空气来不及填补上，因此形成了一片低压区域。

回去吧你！

高压

高压

高压区域

两边压力不同，会形成压差阻力，把我拦住。

变身变身！

为了逃脱控制，我必须改头换面！

8

9

变电所
负责接收发电站送来的电能，并传递到接触网。

受电弓
是把电能从接触网引到高速列车的设备，安装在高速列车车顶上。

这个是钢轨。

接触网跟车顶的距离不可能做到一直不变，因此受电弓的上框架和下臂杆之间靠轴连接，能够调整距离。

11

车多力量大

电力通过受电弓输送到列车上。

嘶嘶～

一般一辆车上有两副受电弓。

电动机

中国高铁采用的是动力分散式动车组。"动车"就是带电动机的车，能够拖着无动力车厢一起前进。

有动力车厢　无动力车厢　无动力车厢　有动力车厢

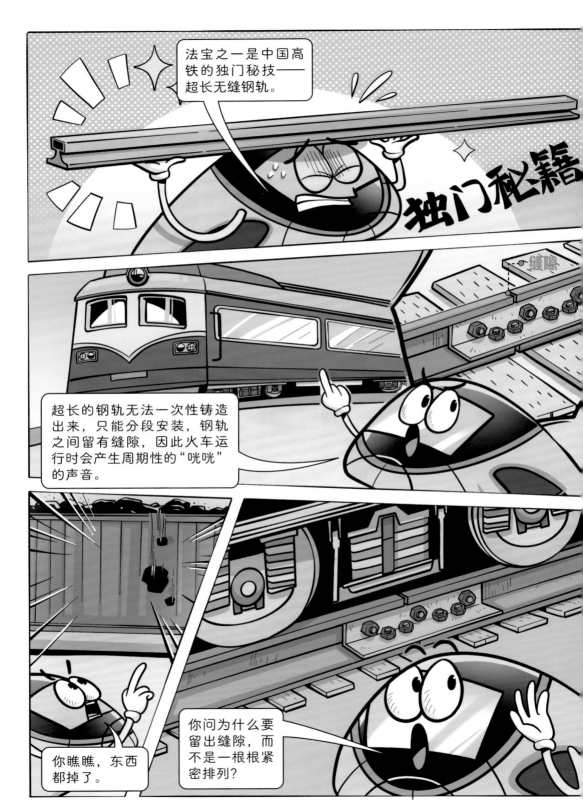

法宝之一是中国高铁的独门秘技——超长无缝钢轨。

缝隙

超长的钢轨无法一次性铸造出来，只能分段安装，钢轨之间留有缝隙，因此火车运行时会产生周期性的"哐哐"的声音。

你瞧瞧，东西都掉了。

你问为什么要留出缝隙，而不是一根根紧密排列？

冬天温度降低，温度计里的液体遇冷收缩，因此液柱短。

夏天天气炎热，液体受热膨胀，液柱升高。

这就是传说中的热胀冷缩！铁轨之间如果丝毫不留缝隙，夏天受热膨胀，就会形成鼓包。

为了解决这个问题，工人师傅决定焊接出超长铁轨，减少我一路上遇到的铁轨之间的缝隙。

焊头的最高熔点温度超过 1000 摄氏度，人类无法近身。因此，焊接过程必须使用电脑远程操作，要求上下偏差不超过 0.3 毫米，左右偏差不超过 0.2 毫米。

轰轰～

但中国工匠做到了！

超长无缝钢轨焊接技术解决的问题是高铁的稳定性，热胀冷缩的问题则并未消除。

什么是热胀冷缩呢？听我给你细细道来。

世间万物都由肉眼看不见的粒子组成，它们并不是完全静止的，而是在时刻不停地运动。

温度升高，粒子感到燥热，不想挨在一起，就会更加无序地运动。

温度降低，粒子简直要被冻僵，则会安静下来，抱团取暖。

这就是热胀冷缩的原理。绝大多数物质都逃不开这一规律，只是程度大小的问题。

给番茄去皮前要用热水先烫一下，也是利用了热胀冷缩的原理。番茄果肉比外皮更容易受热膨胀，外皮就会被撑裂。

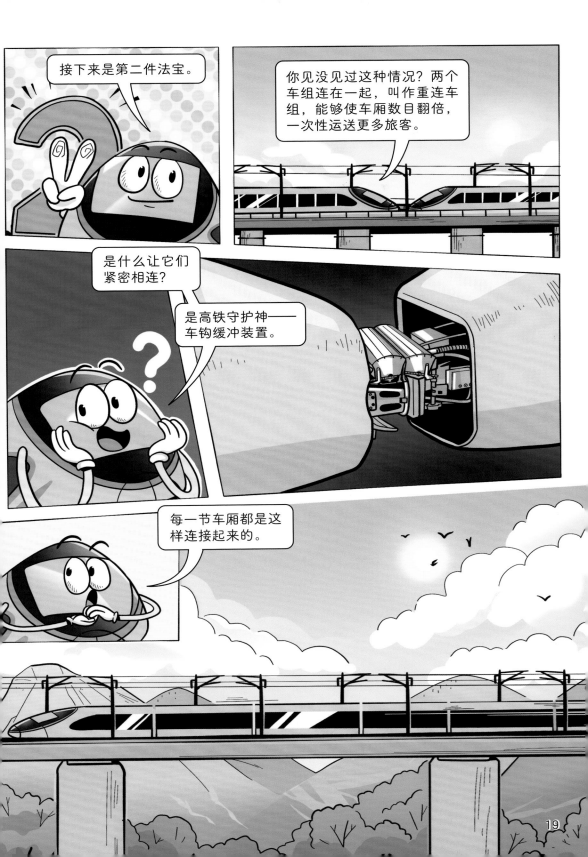

接下来是第二件法宝。

你见没见过这种情况？两个车组连在一起，叫作重连车组，能够使车厢数目翻倍，一次性运送更多旅客。

是什么让它们紧密相连？

是高铁守护神——车钩缓冲装置。

每一节车厢都是这样连接起来的。

而有了铺在地上的垫子，就能够把大部分撞击的力量化解掉。这就是"缓冲"的含义。

SOS!

楼房着火时，高层的人想要逃生，直接跳下来一定会受到伤害。

● 托板　● 橡胶片

纵销　缓冲器框体　橡胶衬垫

稳稳 当当

车钩缓冲装置里面装有材质柔软的缓冲器，相当于"垫子"，吸收了车厢的冲击力。

现在你相信我了吧！高速列车平稳又安全。

20

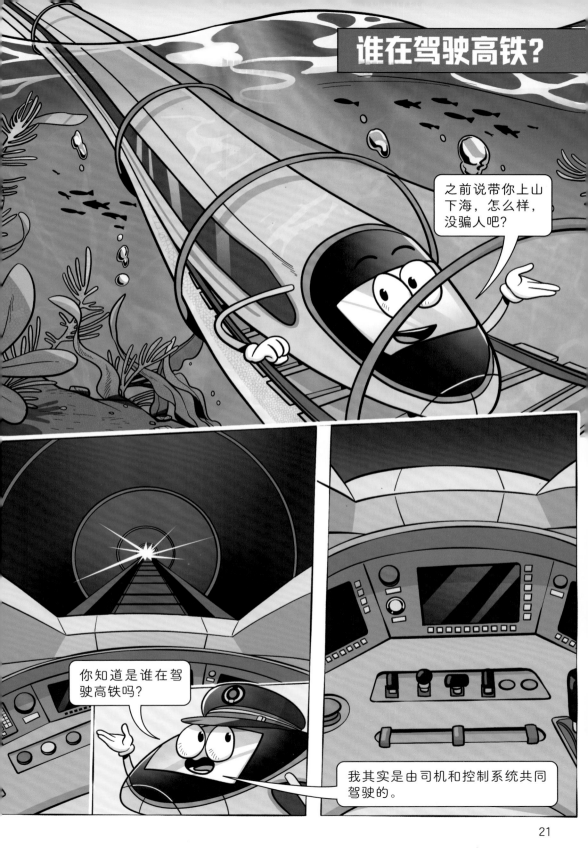

平常坐公交、坐汽车，是不是没见过控制系统？那是因为它们速度太慢，司机一个人就能控制住。

由于速度较慢，并且柏油马路阻力较大，时速50千米的汽车紧急刹车，只需要滑行19米就能停下来。

停

我作为时速350千米的高速列车，如果瞬间刹车，需要减速滑行6500米。也就是说，当我遇到了紧急情况，想要把车停下，前面6500米之内都不能有静止的列车。

我可没有那么好的视力，能看清6500米之内的东西。

① CTCS 是英文 China Train Control System 的缩写，意为中国列车控制系统。

CTCS-3 系统具体如何工作呢？我简单给你说说。

列车连锁中心 CBI

小锁

引导员小锁负责引导列车进入轨道，并将列车信息发送给小计和小算两个设备。

小计

无线闭塞中心 RBC

就像你坐在春游的大巴车上，导航会提醒司机这一段路限速是多少。

由小计和小算计算出列车允许行驶的速度，分别通过无线网络和轨道电路及应答器发送给车载设备。

100

无源应答器　　**有源应答器**

车载设备

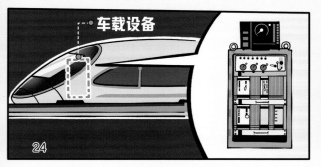

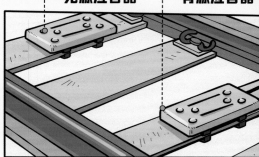

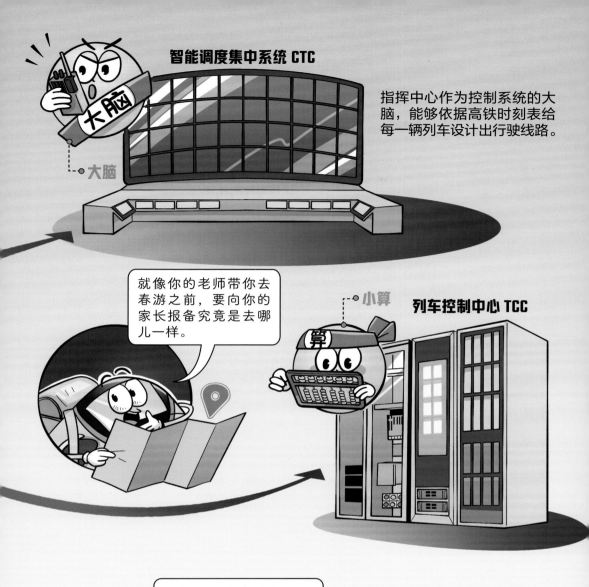

智能调度集中系统 CTC

大脑

指挥中心作为控制系统的大脑，能够依据高铁时刻表给每一辆列车设计出行驶线路。

就像你的老师带你去春游之前，要向你的家长报备究竟是去哪儿一样。

小算

列车控制中心 TCC

根据收到的限速指令，车载设备画出列车被允许的速度曲线，时刻监控列车有没有超速。

有源应答器利用一根专门的电缆与地面电子单元相连。

面电子单元

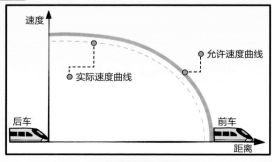

速度

允许速度曲线

实际速度曲线

后车

前车

距离

速度曲线图

27

我国是人口大国，铁路客流量之大全世界独一无二。再加上中国疆域宽广，人们出行的活动范围广，路程长。

XX 站 ——→ XX 站

提示

 订票失败
原因：没有足够的票

高铁建造之前，人们出行相对不便，大多乘坐火车、客车，春节回家过年更是"一票难求"。

十几年前兴起的春运骑摩托车返乡人群，又称"摩托车大军"，曾是春运期间的特殊现象，其人数最高时破百万。

到底走哪条路呢？

回一趟家可真不容易！

帮帮这个人 ▶❚

你的家乡有高铁吗？

多亏了中国超凡的基础建设实力，寒冷的北方、西边的高原、险峻的山地，都有了高铁的踪迹，相信高铁离你并不远！

哈大高铁
哈大高铁是世界上第一条建在高寒地区的高速铁路。哈尔滨到大连沿线冬季极端最低温度为零下40摄氏度左右，最大积雪厚度为30厘米。

兰新高铁
从兰州到新疆的兰新高铁是世界上一次性建成通车里程最长的高速铁路，也是世界上穿越最长刮风区域的铁路。

兰新高铁工程设计中，在沿途建有462千米的挡风墙，用来抵挡大风对高速列车的影响。

渝贵高铁
重庆的平均海拔是400米，贵阳的平均海拔是1100米，相差700米，有两百五十层楼那么高。渝贵高铁一直在爬坡，需要克服很大的爬坡阻力。

司机可以通过拉下手柄，清除重要零件之间残留的冰雪或异物。

路段陡峭，需要特别注意对速度的控制，这是对高铁司机驾驶技术的巨大考验。

无论你居住在哪里，高铁总有办法修建到你的身边！

31

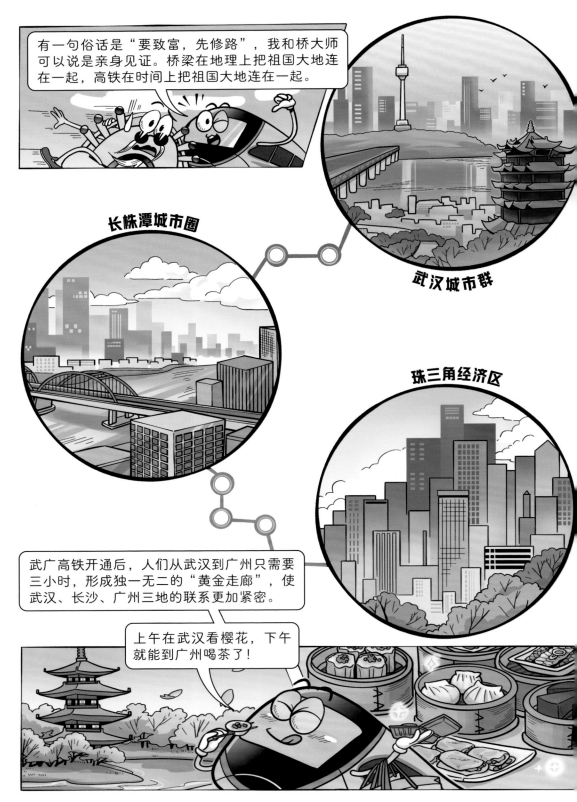

有一句俗话是"要致富，先修路"，我和桥大师可以说是亲身见证。桥梁在地理上把祖国大地连在一起，高铁在时间上把祖国大地连在一起。

长株潭城市圈

武汉城市群

珠三角经济区

武广高铁开通后，人们从武汉到广州只需要三小时，形成独一无二的"黄金走廊"，使武汉、长沙、广州三地的联系更加紧密。

上午在武汉看樱花，下午就能到广州喝茶了！

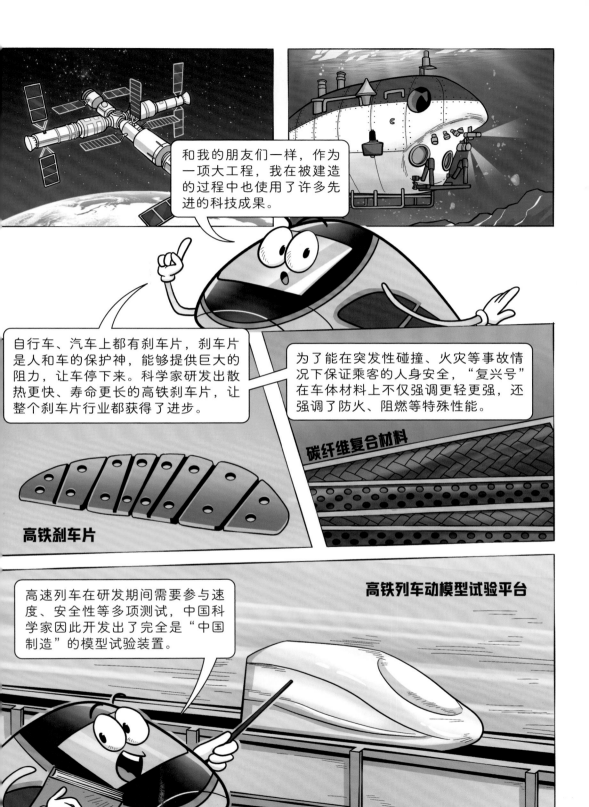

和我的朋友们一样，作为一项大工程，我在被建造的过程中也使用了许多先进的科技成果。

自行车、汽车上都有刹车片，刹车片是人和车的保护神，能够提供巨大的阻力，让车停下来。科学家研发出散热更快、寿命更长的高铁刹车片，让整个刹车片行业都获得了进步。

为了能在突发性碰撞、火灾等事故情况下保证乘客的人身安全，"复兴号"在车体材料上不仅强调更轻更强，还强调了防火、阻燃等特殊性能。

碳纤维复合材料

高铁刹车片

高速列车在研发期间需要参与速度、安全性等多项测试，中国科学家因此开发出了完全是"中国制造"的模型试验装置。

高铁列车动模型试验平台

中国拥有最先进的高铁制造技术。

中国高铁也因此走出国门，去国外"接单"了。

2021年12月3日，中老铁路（中国至老挝）正式通车。这条铁路北起云南省玉溪市，到达老挝首都万象，全线采用中国技术标准、使用中国设备。

目前全球已有土耳其、泰国、缅甸等28个国家想要使用中国的技术建造高铁，项目里程累计超过5000千米，总投资额近万亿元。

出国打工去喽!

不仅是高铁项目，关于铁路的很多零件、装置也走出国门。现在全球 83 % 拥有铁路的国家都运行着中国制造的产品。

我的愿望是，未来每个小朋友都能够坐上便宜、舒适、安全的高铁，去往世界各地，看到不同的风景。

高铁的征程远不止如此，目前人们正在研究速度更快的"超级高铁"！

在行驶过程中，我除了要克服空气阻力，还要克服轮子与铁轨之间的摩擦阻力。

冰面光滑，摩擦阻力小，因此在冰面上更容易摔倒。

路面粗糙，摩擦阻力大，摔倒的风险降低。

但溜冰要比跑步快！这说明没了摩擦阻力，我会跑得更快！

磁悬浮是一种利用磁的吸引力或排斥力来使物体在空中浮动的方法，我们可以利用磁悬浮来让列车"飞起来"，通过消除摩擦阻力来提高列车速度。

脱离花盆的盆栽

没有轮子的滑板

不需要支架的地球仪

你在生活中或许也见到过利用磁悬浮原理制造的商品。当然，最重要的应用还是磁悬浮列车。

而磁悬浮列车使用的磁铁是非永久磁铁中的电磁铁，只有通电时才具有磁性。

车厢
轨道线圈
车厢线圈
21 世纪新上海
T 形轨道
S N
电源

把电线缠在铁钉上，通电后普通的铁也具有了磁性，这种现象叫作电磁感应现象，利用电磁感应现象制造的磁铁叫作电磁铁。

电磁铁是非永久磁铁，只要断电，磁性就会消失。

走你！

掉落～

列车在车底安装电磁铁，利用它们相互吸引或排斥的特性悬浮在空中。断电后，列车就会停下。

悬浮磁铁

41

液氮的温度大约为零下 196 摄氏度，常温下会迅速蒸发，吸收大量的热，使得周围空气变冷，水蒸气遇冷凝结，形成雾气。

液氮的低温能够使导线电阻降为零，这种现象称为"超导"。

我是永不衰减的超大电流！

你不要过来啊！

世界上的物质除了固态、液态、气态，还有超导态，超导态的物质显示出更加奇妙的特性：抗磁性和零电阻。

抗磁性

对了，如果你以后再想来找我，知道要怎么做吗？

高铁不高冷

首先你需要登录中国铁路官方网站（https://www.12306.cn），购买高铁票。

记住你要乘坐的高铁开车时间，安排好时间准时出行，去高铁站！

为了保障乘客的安全，进高铁站之前要先接受安全检查，禁止带易燃易爆物品上车。

45

像这种散发刺鼻气味的物品，也不能带上高铁，会熏到其他乘客的。

具体哪些物品不能携带，可以参考这个册子哦！

铁路旅客禁止、限制携带和托运物品目录

接下来是排队检票时间！

现在乘坐高铁已经不需要取纸质票了，检票时刷身份证就能进站。

还有 2 分钟才发车呢，快让我进去！

为了保障乘客安全上车，车站规定开车前 5 分钟停止检票。

6站台

一定要注意时间，到晚了可就无法进站了！

按照车站的提示找到对应的站台……

这样你就能找到我啦！

中国铁路发展史

1990 年

1990 年，铁道部完成了《京沪高速铁路线路方案构想报告》，这是中国首次正式提出兴建高速铁路。

2003 年

2003 年 10 月 11 日，秦沈客运专线全段通车，设计时速为 200 千米，并预留时速为 250 千米的提速空间，这是中国第一条高速铁路线路。

2014 年

2014 年，中国高速铁路运营里程达到 1.6 万千米，位居世界第一。

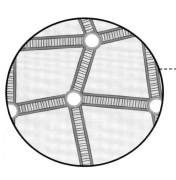

2017 年

2017 年 12 月 28 日，石济高速铁路开通运营，中国铁路"四横四纵"快速通道全部建成通车。

2020 年

2020 年年末，全国高速铁路网从"四纵四横"变为"八纵八横"，营业里程达到 3.79 万千米。

又完成了一个小目标！

图书在版编目（CIP）数据

超级工程驾到：共9册 / 米莱童书著、绘. -- 北京：
北京理工大学出版社, 2023.2(2023.4重印)
ISBN 978-7-5763-1839-5

Ⅰ.①超… Ⅱ.①米… Ⅲ.①科学知识—少儿读物
Ⅳ.①Z228.1

中国版本图书馆CIP数据核字(2022)第212257号

出版发行 / 北京理工大学出版社有限责任公司		
社　　址 / 北京市海淀区中关村南大街5号		
邮　　编 / 100081		
电　　话 / （010）68944515（童书出版中心）		
网　　址 / http://www.bitpress.com.cn		
经　　销 / 全国各地新华书店		
印　　刷 / 北京尚唐印刷包装有限公司		
开　　本 / 710毫米×1000毫米　1 / 16		
印　　张 / 27	责任编辑 / 王玲玲
字　　数 / 720千字	文字编辑 / 王玲玲
版　　次 / 2023年2月第1版　2023年4月第2次印刷	责任校对 / 刘亚男
定　　价 / 200.00元（共9册）	责任印制 / 王美丽

超级工程驾到

超级工程五步法

解决问题的关键

米莱童书　著·绘

北京理工大学出版社
BEIJING INSTITUTE OF TECHNOLOGY PRESS

你好，欢迎翻开《超级工程驾到》，我是这套书的作者，想在你正式开始阅读之前，和你聊聊天。

近些年，中国发展得越来越快、越来越好，在各个领域都取得了领先于世界的成果，尤其是科学技术领域。当下的时代是科技的时代，掌握科技对一个国家意义重大。就拿空间站来说，在中国空间站建成之前，国际空间站的建造和使用一直被欧美国家把控，中国人如果想去太空做个实验，都要先经过其他国家的允许，特别被动。但在太空环境中进行科研，是当下科学界不可或缺的一部分，这不仅与某个单一领域相关，而是与生物、医学、化学、物理等众多领域密切相关。"一步退，步步退"，如果我们无法早日利用空间站搞科研，就会逐渐落后于其他国家，时间久了，在国际上会失去话语权，甚至连保持民族独立和国土完整都成问题。因此，中国潜心研究 30 年，按着自己的步调"三步走"，终于成功建成了中国载人空间站"天宫"。如今，"天宫"已经迎来了几轮中国航天员的轮换，中国人在太空中进行科研项目再也不用受制于人。预计几年后，国际空间站就会退役，到那时，"天宫"将成为太空中唯一服役的空间站。而且，"天宫"面向全世界开放，将会对全人类的发展做出不可替代的贡献。

与空间站类似的，中国在其他领域同样成绩斐然：建成了全世界单口径最大的射电望远镜——"天眼"，开启人类观测宇宙新纪元；在全国普及高铁，便利了 14 亿人的出行，同时极大促进了区域经济的发展；成功研制出了特高压输电技术，完成了宏大的"西电东送"工程……毫无疑问，这些工程的价值不可估量，因此也被称为"超级工程"！

这些超级工程有的让我们的生活变得更好，有的承载了人类对于科学发展的期望，想想就让人热血澎湃，恨不得撸起袖子加入进去，为建造更美好的生活出一把力。

咦，等等，要怎么加入呢？

不要着急，我们这套《超级工程驾到》科普漫画正是要告诉你，雄心壮志是如何一步步实现的。不但要知道这些超级工程的名字，还让你能够像了解一个好朋友那样去了解它们怎样出生、怎样被添加更多的技能（就像你慢慢学会了说话、走路……）、怎样克服各种建造上的困难（就像你好不容易解出了一道数学题）、怎样达到全球领先的位置！如果你心怀航海的梦想，你就要先见过最坚固的船、最激烈的风暴，以及最辽阔的彼岸。唯有一步步"见到"，才能亲自抵达。

除了对知识的准确讲解，漫画故事还要保证有趣，因为感到有趣和好玩，从来都是吸引人做一件事的最强驱动力。为此，漫画里加入了一些创新的尝试——让每个角色都"活过来"，与正在读书的你进行互动。你会遇到想和你交朋友的"天和"、想收你为徒的"桥大师"、阻止你开灯的"电流"、准备带你执行深潜任务的"蛟龙"号、带你入职种子库的"银杏种子"……至于到底要怎么和这些朋友打交道，就由你之后亲自去看看啦！

当下中国的崛起是有目共睹的，这离不开每一位迎难而上的科学家，也离不开每一位辛勤工作的普通人，更离不开未来可期的你。希望这套书能让你在感到有趣的同时，收获满满的知识，打开未来人生的新起点！

米莱知识宇宙

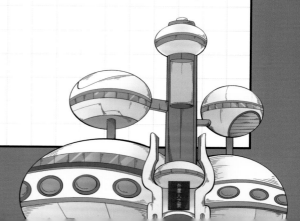

作者团队

米莱童书

由国内多位资深童书编辑、插画家组成的原创童书研发平台。旗下作品曾获得 2019 年度"中国好书"，2019、2020 年度"桂冠童书"等荣誉；创作内容多次入选"原动力"中国原创动漫出版扶持计划。作为中国新闻出版业科技与标准重点实验室（跨领域综合方向）授牌的中国青少年科普内容研发与推广基地，米莱童书一贯致力于对传统童书进行内容与形式的升级迭代，开发一流原创童书作品，适应当代中国家庭更高的阅读与学习需求。

策 划 人 刘润东　魏　诺

统筹编辑 王　佩

原创编辑 王　佩　张婉月　王曼卿

漫画绘制 王婉静　吴　帆　刘环悦　李元慧　罗雅馨
　　　　　　金灿灿　王美淇　辛　洋

装帧设计 辛　洋　张立佳　刘雅宁　马司文　苗轲雯

目 录

嗨！朋友，你好呀！

这次，你不需要转换角色了，你就是你自己，而且要和我们这些老朋友一起干一件大事——给外星人建造宾馆！这听起来很难，但是别担心，我们会向你展示一种全新的思维方式，掌握之后，你以后也能轻松解决各种大事和小事啦！

好了，快点开工吧，趁着外星人还没来！

你的老朋友们

从一场争论开始

别慌别慌！这是他俩的老梗，根本就没有外星人！

你怎么知道没有？宇宙那么大！

就是就是！一切皆有可能！我对地底人或亚特兰蒂斯①可是充满期待呢！

好吧，我懒得和你们争论。

得了，老兄，这种事还真说不准……

外星人身上会不会有基因呢？它们会长什么样子呢？

①传说中的史前文明。

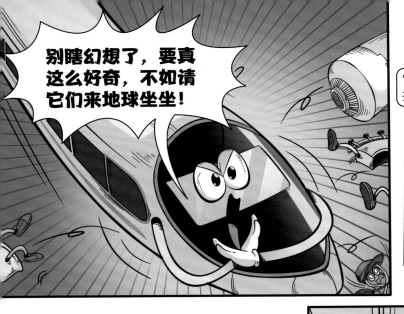

别瞎幻想了，要真这么好奇，不如请它们来地球坐坐！

它们在哪儿？我去接它们过来……

啊，这……

别这么丧气嘛，听说"旅行者一号"已经飞出了太阳系了！与外星人会面是迟早的事！

咱们目前还没有关于外星人的确切信息……

你可真乐观。

这可真说不准！网络上那么多 UFO 的新闻，总不能都是骗人的吧！

同意！外星人一定存在！

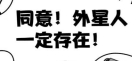

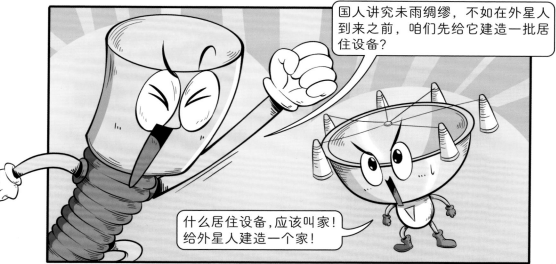

11

工程学思维

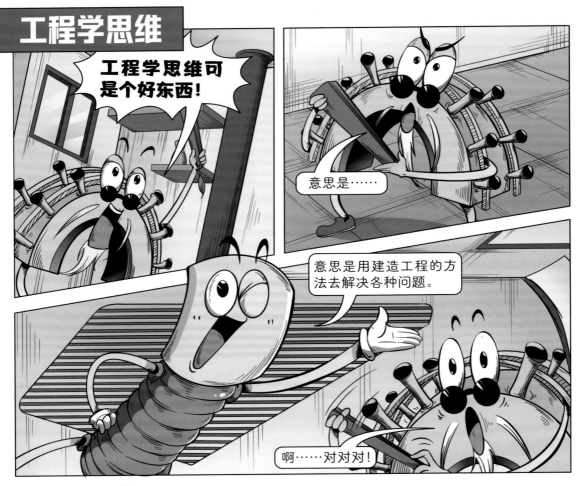

这问题也太多了吧……

实干派从不退缩！不要害怕，我们各个击破！

你、你、你……还有你，你们一人写一个方案吧！！

. . . . . .

别这样看着我嘛，这是工程学思维第二步——头脑风暴啊！你们难道都忘了吗？

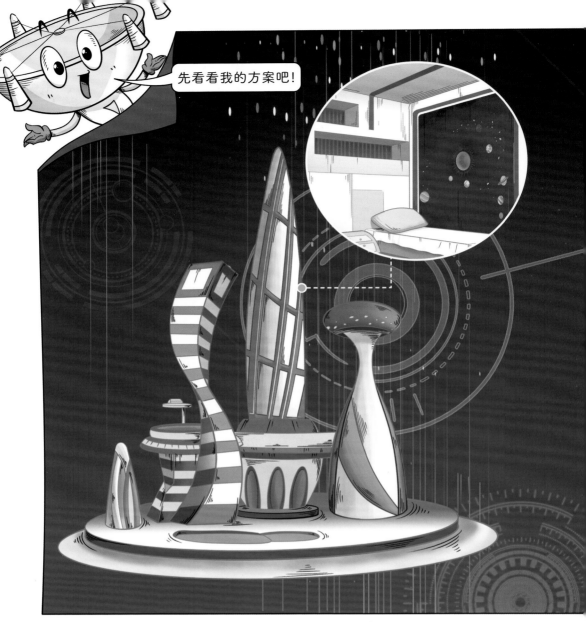

我的设想	理由阐述
宾馆名称 外星人之家	
地址 中国贵州省	外星人住在我家附近，可以随时与自己的母星联络，这很重要！！！
服务对象 太阳系内的外星人	其他星系距离地球太远，居民来地球的可能性较小。
建造风格 科幻未来风	①符合地球人对于"宇宙""外星人"等关键词的联想。②设计上更加简洁大方，符合现代人审美。
关键词 宾至如归	给客人"家"的感觉。
交流 自动配备外星语－地球语翻译 AI	保障及时交流。
服务 大量精通外星语的地球服务人员	及时满足客人需求，维持宾馆清洁。
关怀 全息宇宙投影窗，根据需要投影客人的母星	缓解外星人的思乡之情。

有必要做全息投影窗吗？感觉有点浪费，还不实用……

贵州全是山地，让大家怎么去啊……

倒是挺浪漫的！

基础设施是不是少了点？

嘿，轮到我啦！

在太空中建造宾馆，预算太高，以目前的科技水平也无法建得太大……

从衣食住行四个方面分别设置了对应的功能，感觉很可靠！

宾馆名称是不是夹带私货了？

我的设想	理由阐述
宾馆名称 地和宾馆	
地址 大气层外的近地轨道中	坐落于宇宙中，便于为星际旅行者们提供便利。
服务对象 全宇宙的外星人	我们没有理由低估外星人的科技水平，任何星球的外星人都有可能到地球或地球周边旅行。
建造风格 机械科技空间站	跟我的风格很像，很好看呀！
关键词 私人订制	因人制宜，准备多个方案，为不同外星人提供个性化服务。
进食 地球食物自助吧	各地地球食物荟萃，供客人自行选择。
排泄 太空特制马桶及回收装置 	可回收的排泄物一律回收再利用，既环保，又节约资源；无法回收的排泄物统一收集为垃圾，定期投放至大气层燃烧销毁。
睡眠 可调节睡眠舱	不同星球环境不同，从温度、湿度、气压、重力等多个方面让客人自行调节最适应的环境，轻松入睡。
交通 定期从地球发射飞船	从地面发射时带走一批结束旅行的外星客人，返回地球时，将外星客人一同带到地面。

何止……到处都是私货……

虽然看起来就像又建造了一座空间站……

但不得不说，这些设备都很科学！

真不愿意面对外星人的吃喝拉撒……

高铁的方案

我的设想	理由阐述
宾馆名称 ▷ 高效之家	
地址 ▷ 中国内蒙古自治区卫星发射中心周边	无论是来到地球，还是到宇宙中去，无须多远就能到达"火箭站"！
服务对象 ▷ 银河系的外星人	按照目前的科技水平来说，这算是一个小目标。
建造风格 ▷ 流线型仿宇航器风	①客人看到自己熟悉的建筑外形，会瞬间感到亲切。 ②流线型更符合"高效之家"的定位，更具速度感。
关键词 ▷ 效率至上，安全第一	外星人远道而来，在地球旅行自然要注重效率，多看几个景点、多去一些城市是普遍需求，本旅馆恰是为此而生的。
出行 ▷ 建造周边高铁站，铺设以此地为中心的铁路网络	方便外星人到各地游览，提高旅行效率。
充能 ▷ 各种形式的能量补充点，包括但不限于进食、加油、充电、睡眠……	暂不清楚外星人的充能方式，只能做多方准备。
安全 ▷ 无死角监控设备	保障没有可疑生命体进入宾馆。

宇航器的外形很酷！

对于旅行者来说，出行便利确实很必要。

保障外星人的安全是一方面，是不是也要保障地球人的安全呢？

无死角监控是不是侵犯隐私了？

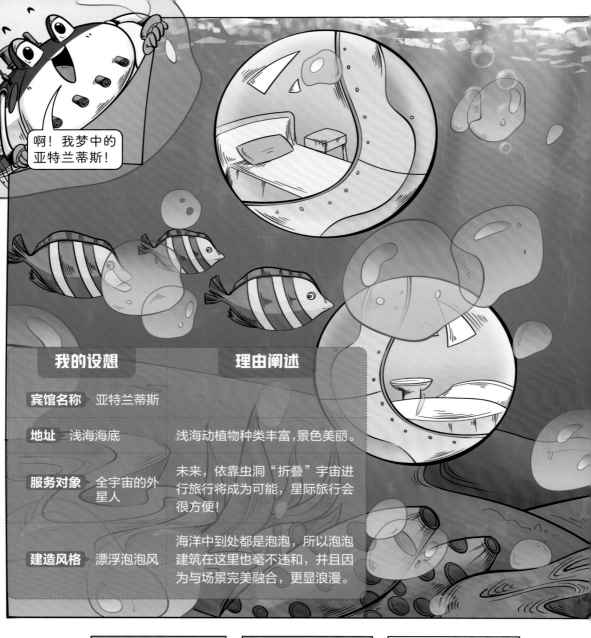

啊！我梦中的亚特兰蒂斯！

我的设想		理由阐述
宾馆名称	亚特兰蒂斯	
地址	浅海海底	浅海动植物种类丰富，景色美丽。
服务对象	全宇宙的外星人	未来，依靠虫洞"折叠"宇宙进行旅行将成为可能，星际旅行会很方便！
建造风格	漂浮泡泡风	海洋中到处都是泡泡，所以泡泡建筑在这里也毫不违和，并且因为与场景完美融合，更显浪漫。

啊，这……

哇！

这份方案是怎么回事？是谁放错了吗？

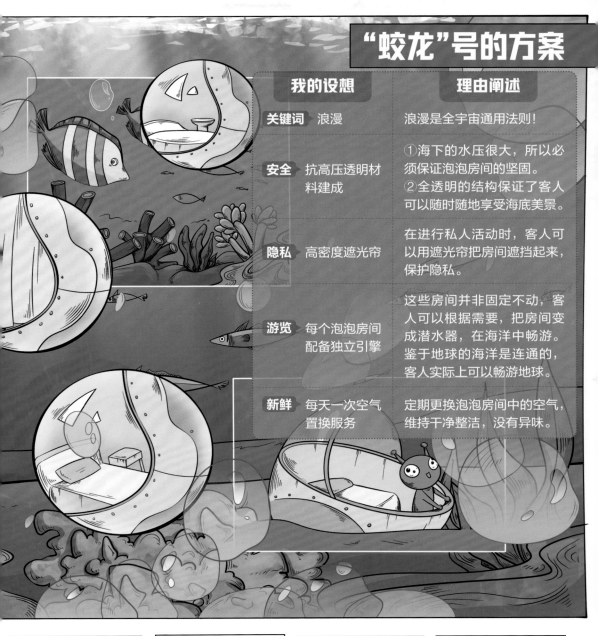

"蛟龙"号的方案

我的设想		理由阐述
关键词 浪漫		浪漫是全宇宙通用法则!
安全	抗高压透明材料建成	①海下的水压很大,所以必须保证泡泡房间的坚固。②全透明的结构保证了客人可以随时随地享受海底美景。
隐私	高密度遮光帘	在进行私人活动时,客人可以用遮光帘把房间遮挡起来,保护隐私。
游览	每个泡泡房间配备独立引擎	这些房间并非固定不动,客人可以根据需要,把房间变成潜水器,在海洋中畅游。鉴于地球的海洋是连通的,客人实际上可以畅游地球。
新鲜	每天一次空气置换服务	定期更换泡泡房间中的空气,维持干净整洁,没有异味。

和我的方案有点像啊,只是太空和海底的区别。

看着挺不错,外星人想不想去我不知道,我倒是挺想去体验一番的。

功能方面意外地符合实际!

吃喝拉撒怎么解决?

你们到底有没有听我说话啊……

为什么没有一个人考虑预算?

算了算了,大家都没有做过预算,对预算没有概念很正常,不如先考虑其他方向。

对!我们先从现有的方案中选一个吧!

接下来就是工程思维第四步——选择最佳策略!

这一步很简单,就是从头脑风暴中的各个方案中选择最合适的那个!

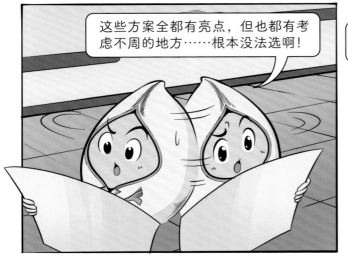

这些方案全都有亮点,但也都有考虑不周的地方……根本没法选啊!

要不然……我们合并一下?分别摘取亮点做一套综合方案?

最终方案

具体方案	理由阐述
宾馆名称 外星人之家	这个名称最符合宾馆的定位,并且最得体。
地址 中国内蒙古自治区卫星发射中心周边	从交通上来说,这里确实是最便利的地方。
服务对象 全宇宙的外星人	外星人的科技水平可能远在地球人之上,即便没有,也可以未雨绸缪。
建造风格 – 外部 仿外星宇航器的科幻未来风 **建造风格 – 内部** 现代极简风	①对于不熟悉地球的外星人来说,过于繁杂的设计可能引起迷茫,极简风格可以减少一切不必要的麻烦。 ②符合当前地球审美风向。 ③后期修改装饰风格相对便利。 
充能 地球能量自助吧,设置各种能量补充点,包括但不限于进食、加油、充电、睡眠、健身……每一种充能点都包含多种选择,如进食点包含各地菜系、加油点包含不同种类的油。	外星生命体可能种类繁多,多备一些选项以满足不同客人的需求。
代谢 全封闭代谢物回收装置,连通不同处理装置,包括但不限于销毁点、实验室……	①外星人代谢物可能携带地球上没有的微生物,对地球生命造成威胁,因此全封闭回收后统一处理更加安全。 ②对于部分有研究价值的代谢物,在征得本人同意后,直接闭环运送至相关实验室进行研究。
出行 以宾馆为交通枢纽建设交通网,包含高铁、飞机、火箭。	①便利的交通是旅行的前提。 ②宾馆需要的各类物资需要交通运输。
客房 全封闭分区式客房,针对不同星球/星系的生命体划分不同区域,尽量减少各区域之间的接触。	保证不同星球/星系生命的生命和财产安全,避免在宾馆内发生星际摩擦或有害微生物传播。
交流 外星语 – 地球语翻译 AI,每位客人在入住时即可免费领取。	及时交流非常重要。

"！@#%…………&"

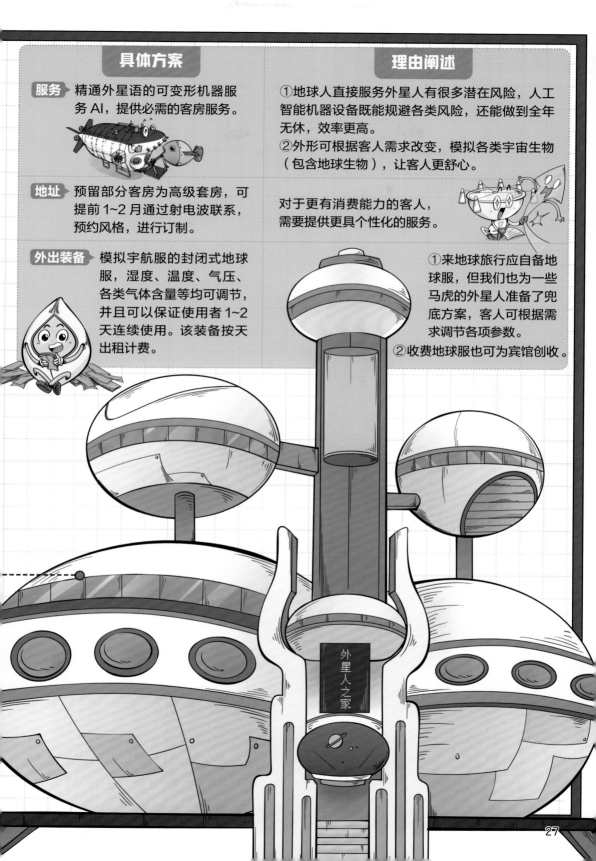

具体方案	理由阐述
服务 精通外星语的可变形机器服务 AI，提供必需的客房服务。	①地球人直接服务外星人有很多潜在风险，人工智能机器设备既能规避各类风险，还能做到全年无休，效率更高。 ②外形可根据客人需求改变，模拟各类宇宙生物（包含地球生物），让客人更舒心。
地址 预留部分客房为高级套房，可提前 1~2 月通过射电波联系，预约风格，进行订制。	对于更有消费能力的客人，需要提供更具个性化的服务。
外出装备 模拟宇航服的封闭式地球服，湿度、温度、气压、各类气体含量等均可调节，并且可以保证使用者 1~2 天连续使用。该装备按天出租计费。	①来地球旅行应自备地球服，但我们也为一些马虎的外星人准备了兜底方案，客人可根据需求调节各项参数。 ②收费地球服也可为宾馆创收。

外星人之家

设计

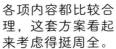
各项内容都比较合理，这套方案看起来考虑得挺周全。

可不是嘛，连收入也有了，最终方案直接胜出！

看起来，咱们把工程思维第四步的设计也考虑到了！

确实，建筑风格也很明确了。不过……

严格来说……

还需要一张更具体的设计图纸！

成本还没……

29

经过几天的绘制……

宾馆图纸终于绘制完成!

当当

设计好啦!

哇——

老兄，干得真漂亮!

30

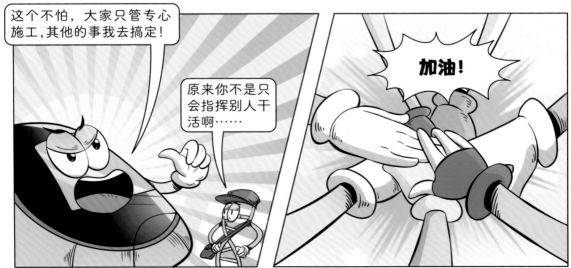

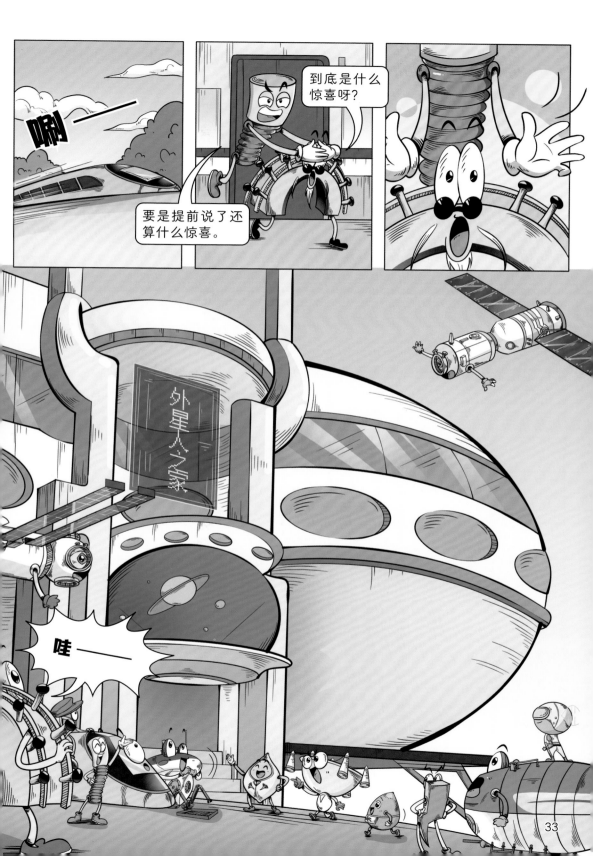

33

要相信中国速度!

你们也太快了吧!

现在到哪一步了?接下来要做什么?

如果我没记错的话,接下来应该是工程学思维第六步,也就是测试。

测试就是对成果进行检测,看哪里还有不完善的地方,然后一一修改。

太好了! 就让我来当小白鼠吧! 我愿意!

可是我千里迢迢来这里,就是为了做测试……

34

测试是要检查我们目前的方案有没有什么问题，所以测试的人越多，能看到的问题就会更多、更全。

所以我们找来了一个测试队伍！

又见面啦！

哎呀，测试多累呀，不仅要对各种功能进行深度体验，还要写长长的测试报告……

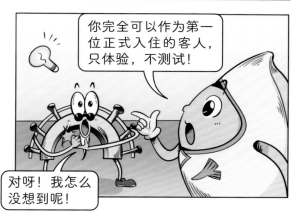

你完全可以作为第一位正式入住的客人，只体验，不测试！

对呀！我怎么没想到呢！

就这么定了！

35

测试第一天

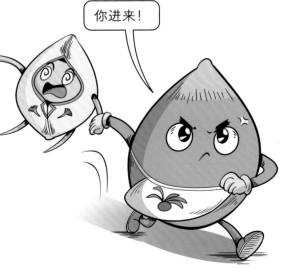

连成熟后的我都放不下！

到哪儿你都带着这一套吗？

那当然了！到哪里我都要展示我们红豆杉最壮观的样子！

我就不该把他叫来……

好吧好吧，给你记下了。

这还差不多！

不如变成病毒的样子吧!

这是什么恶趣味……

不错不错。

原来如此……

没什么用,我又不需要充能。

有点无聊啊!

外星人之家 测试结果

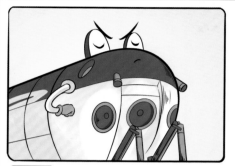

入住人 ▶ 深海勇士号

入驻体验 ▶ ★ ☆ ☆ ☆ ☆

投诉建议 ▶ 客房内部设施需防水、抗压。

入住人 ▶ 脉冲星

入驻体验 ▶ ★ ☆ ☆ ☆ ☆

投诉建议 ▶ 如果客房内部设施无法适应真空环境，就把地球服设计得再舒适点！

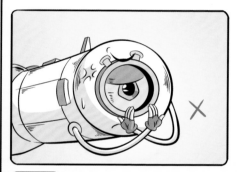

入住人 ▶ 神舟

入驻体验 ▶ ☆ ☆ ☆ ☆ ☆

投诉建议 ▶ 对侵犯隐私行为 0 容忍。

入住人 ▶ 电流

入驻体验 ▶ ★ ★ ★ ☆ ☆

投诉建议 ▶ 都挺好的，就是在宾馆的时候有点无聊……

入住人 ▶ 基因博士

入驻体验 ▶ ★ ★ ★ ★ ★

投诉建议 ▶ 很好。

入住人 ▶ 红豆杉种子

入驻体验 ▶ ★ ★ ☆ ☆ ☆

投诉建议 ▶ 能不能把房间再建大一点……

修改方案

① 客房内部设施改装防水涂层。

② 客房内部设施采用更抗压的材料制作。

③ 改进地球服设计，以舒适为主要改进方向。

④ 撤掉所有私人空间的摄像头，仅保留公共区域监控。

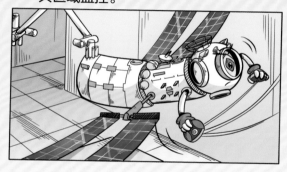

⑤ 增加部分娱乐设施。

⑥ 将客房按照小、中、大三种型号改建，以配合不同客人需求。

47

图书在版编目（CIP）数据

超级工程驾到：共9册 / 米莱童书著、绘. -- 北京：

北京理工大学出版社, 2023.2(2023.4重印)

ISBN 978-7-5763-1839-5

Ⅰ.①超… Ⅱ.①米… Ⅲ.①科学知识—少儿读物

Ⅳ.①Z228.1

中国版本图书馆CIP数据核字(2022)第212257号

出版发行 / 北京理工大学出版社有限责任公司

社　　址 / 北京市海淀区中关村南大街5号

邮　　编 / 100081

电　　话 / （010）68944515（童书出版中心）

网　　址 / http://www.bitpress.com.cn

经　　销 / 全国各地新华书店

印　　刷 / 北京尚唐印刷包装有限公司

开　　本 / 710毫米×1000毫米　1 / 16

印　　张 / 27

字　　数 / 720千字

版　　次 / 2023年2月第1版　2023年4月第2次印刷

定　　价 / 200.00元（共9册）

责任编辑 / 王玲玲

文字编辑 / 王玲玲

责任校对 / 刘亚男

责任印制 / 王美丽